AF200523

Rio de Janeiro

lieben lernen

Der perfekte Reiseführer für einen unvergesslichen Aufenthalt in Rio de Janeiro inkl. Insider-Tipps und Packliste

Angela Siemers

✈ INHALT

Das erwartet Sie in diesem Buch

Wenn Sie sich für dieses Buch entschieden haben, sind Sie wahrscheinlich gerade dabei, Ihre nächste Reise zu planen. Mit diesem Buch wird das ein Kinderspiel!

Zunächst einmal finden wir zusammen heraus, ob und warum Rio wirklich das richtige Reiseziel für Sie ist. An dieser Stelle kann schon einmal vorweggenommen werden: Ja, ist es.

Nachdem mögliche Zweifel an Rio als perfektes Reiseziel beseitigt wurden, geht es erst richtig los und Sie finden heraus, wie sich Rio zu der Stadt entwickelt hat, die Sie heute ist und was genau die Stadt, aber auch ihre Einwohner, die Cariocas, so liebenswert und besonders macht.

Natürlich ist es unglaublich schwer, Aussagen über Rio zu verallgemeinern, da die Stadt so wahnsinnig groß ist und selbst die Stadtteile unter sich so individuell sind wie Sie. Welcher Stadtteil passt also gut zu Ihnen? Wo können Sie sich abends gut aufhalten und Ihre wohlverdienten Urlaubstage ausklingen lassen? Finden Sie mit diesem Reiseführer heraus, welches Viertel Rios Ihre eigene Persönlichkeit am besten widerspiegelt und wo Sie sich besonders wohlfühlen werden.

In einem weiteren Schritt geht es dann darum, die perfekten Aktivitäten für Sie zu finden. Sind Sie kulturinteressiert? Sportlich? Haben Sie Lust zu feiern? Oder wollen Sie lieber einfach entspannen? Für jedes Interesse werden Ihnen hier die perfekten Angebote gezeigt. Achten Sie immer genau auf die „Insider-Tipps": Hier werden Ihnen Geheimtipps und Tricks für Ihren Geldbeutel präsentiert.

Nach den Sehenswürdigkeiten, die Sie noch einmal ein wenig mehr von Rio überzeugt haben dürften, geht es dann an Tipps bezüglich des Essens. Das brasilianische Essen selbst ist allein schon ein Grund, dorthin zu reisen. Aber wo bekommen Sie das beste Essen geboten? Wo wird es Ihnen am besten gefallen?

Dieser Reiseführer soll Ihnen nicht die Standardseiten Rios aufzeigen und allgemeingültige Touri-Aussagen treffen. Sie sollen sich mit Hilfe dieses Buches selbst den perfekten Urlaub erstellen können. Ihr individuelles Interesse und Ihre Persönlichkeit stehen hier im Vordergrund. Von Unterkunft bis Tagesprogramm: Mit diesem Guide erleben Sie Ihren bestmöglichen Rio Aufenthalt!

Wieso nach Rio reisen?

Für viele Europäer mag sich an dieser Stelle die Frage stellen: Warum 10000 km nach Rio reisen, wenn doch andere, wunderbare Urlaubsziele so viel einfacher und in kürzerer Zeit zu erreichen sind? Es gibt doch sicherlich vergleichbare Länder und Städte, die man schneller erreicht, die das gleiche Klima und ähnliche Attraktionen bietet?

Nein! Wer das glaubt, der sollte erst recht

eine Reise nach Rio unternehmen und sich von der magischen Aura dieser unergründlichen Weltstadt überzeugen!

Für viele Reisende gilt Rio als die schönste Stadt der Welt. Das mag unter anderem daran liegen, dass sich dort wirklich für jeden Charakter, für jedes Interesse und für jede Altersgruppe die spannendsten, aber auch die entspannenden Aktivitäten finden lassen.

Sie wollen einmal eine echte brasilianische Party, sogenannte Festa oder Baile, erleben?
Kommen Sie nach Rio! Sie werden die wildesten und aufregendsten Partys Ihres Lebens finden!

Kultur spielt eine wichtige Rolle in Ihrem Leben?
Kommen Sie nach Rio! Hier finden Sie nicht nur eine Kultur, die sich nicht annähernd mit der eigenen vergleichen lässt und Sie an jeder Ecke aufs Neue überraschen wird, Sie finden auch Theater, Museen und Denkmäler wie es Sie

nirgends anders auf der Welt gibt.

Sie sehen sich selbst als sehr naturverbunden?

Kommen Sie nach Rio! Hier finden Sie von unterschiedlichsten, unfassbar schönen Stränden bis hin zu urwaldähnlichen Tropengebieten alles, was Ihr Herz höherschlagen lässt. Ganz zu schweigen von den Tieren und Pflanzen, die Sie sonst nur aus Büchern kannten!

Sie sind an Sport interessiert?

Kommen Sie nach Rio! Hier können Sie den Spuren von Fußball-Legenden und anderen weltbekannten Sportlern folgen!

Oder wollen Sie durch ein sportliches Erlebnis selbst an Ihre Grenzen stoßen?

Kommen Sie nach Rio! Ob Paragliding, Hiking und Trekking durch wilde Wälder oder tauchen und schnorcheln: Hier werden Sie garantiert fündig.

Urlaub machen trotz Kriminalität

Ein Faktor, der vielen vielleicht noch schwer auf dem Herzen liegt, Sie am Reiseziel Rio zweifeln lässt und die Vorfreude auf die anstehende Reise noch etwas trübt, mag die hohe Kriminalität Brasiliens sein. Dass die Kriminalitätsrate in Brasilien und gerade in den Großstädten eine der höchsten der Welt ist, ist längst kein Geheimnis mehr und soll auch hier nicht vernachlässigt oder beschönigt werden.

Rio ist gezeichnet durch kriegsähnliche Zustände in den Armenvierteln, den sogenannten Favelas, und von Raubüberfällen und Armut. Gerade als Tourist ist man für brasilianische Diebe ein leichtes Ziel, was nicht unterschätzt werden darf, weshalb man informiert und achtsam durch Rio gehen muss, wohl wissend, wann und wo es gefährlich werden kann.

Sie finden in diesem Reiseführer Tipps und Tricks, wie Sie sich schützen können und was Sie beachten müssen, damit Ihre Reise ein voller Erfolg ohne unerwünschte Zwischenfälle wird.

Ja, Rio ist eine der schönsten Städte der Welt und Sie bekommen mit diesen Tipps die Chance, das in vollen Zügen auszukosten.

Fahren Sie nicht selbst mit dem Auto
Autofahren ist für Nicht-Einheimische in Brasilien ohnehin ein großes Rätsel, da der Verkehr mehr oder weniger unvorhersehbar verläuft und Verkehrsregeln nur schwer zu durchschauen sind. Nicht selbst zu fahren ist zum

einen eine einfache Möglichkeit, Unfälle zu vermeiden, aber auch, und das mag für viele unerwartet sein, ein Weg, Verbrechen aus dem Weg zu gehen.

Die Zahl bewaffneter Raubüberfälle auf Autos ist in den letzten Jahren rasant gestiegen, die Maschen sind dabei kaum durchschaubar. Scheinbar verarmte oder behinderte Menschen versuchen Ihnen im Stau kühle Getränke zu verkaufen – eigentlich gang und gäbe. Doch manchmal wird diese Verkaufsstrategie eben missbraucht, sodass Sie sich schnell in einer Lage befinden, in der Ihnen nichts anderes übrigbleibt, als Ihre Wertsachen herauszugeben. Vermeiden Sie das! Einheimische durchschauen schneller, ob sie es mit einem ehrlichen Verkäufer zu tun haben oder ob Gefahr lauert.

Dazu kommt noch, dass Ihnen die nötigen Ortskenntnisse fehlen, um sicher durch Rio zu fahren. Selbst zu fahren stellt dabei immer ein hohes Risiko dar. Verfahren Sie sich, ist es schnell möglich, dass Sie versehentlich in eine

Favela fahren, wo gerade im Dunkeln das Risiko eines Überfalls sehr hoch ist.

Anstatt selbst zu fahren, nehmen Sie lieber ein Taxi oder fahren Sie mit einem Uber. Das Netzwerk Uber hat sich über die letzten Jahre in Brasilien weitverbreitet und ist sehr gut ausgereift. Sie laden sich ganz einfach die App herunter und verbinden sich mit einem verifizierten Fahrer. Sie können so bargeldlos und unkompliziert per Kreditkarte bezahlen und eine Bewertung abgeben. Die Bewertung hilft den nächsten Kunden dabei zu sehen, dass der Fahrer vertrauenswürdig ist und Sie sicher ans Ziel gebracht hat. Auf diesem Wege können Sie sich ebenfalls im Voraus davon vergewissern.

Uber ist insofern auch von Vorteil, da auch bei Taxis achtsam gehandelt werden muss.

Steigen Sie nicht einfach so in irgendein Taxi

Gerade am Flughafen lässt sich vermehrt beobachten, dass freiberufliche Taxifahrer und nicht verifizierte Taxiunternehmen darauf warten, unwissende Touristen übers Ohr zu hauen. Hierbei kann man nicht direkt von einem Überfall sprechen, gut zu wissen ist es aber natürlich trotzdem!

Vom Flughafen aus gibt es momentan sieben Taxiunternehmen, die mit dem Flughafen kooperieren. Aerotáxi und Aerocoop sind etwas günstiger, dafür aber auch eher Standard, Cootramo, Transcoopass, Coopertramo, Transcootur und Coopatur bieten ein wenig komfortablere Taxis und höhere Standards, sind dementsprechend aber auch etwas teurer.

Die Taxis haben offizielle Stände bei den Terminals 1 und 2 des Flughafen Antônio Carlos Jobim (Galeão) und berechnen einen Fixpreis. Oftmals ist es in Brasilien generell, demnach auch bei Taxis, so, dass Kunden einen Rabatt bekommen, wenn sie bar bezahlen.

Auch wenn nicht selbst gefahren wird, wollen wir hier kurz auf bekannte Taktiken des Überfalls im Autoverkehr eingehen. Sie werden zwar höchst unwahrscheinlich mit diesen konfrontiert werden, wenn Sie sich auf Taxi- und Überfahrten beschränken, dennoch ist es hilfreich im Hinterkopf zu behalten, dass so etwas passieren kann, wie Sie es verhindern können oder wie Sie im schlimmsten Fall reagieren sollten.

Smash-and-Grab-Überfälle

Sogenannte Smash-and-Grab-Überfälle bezeichnen das Aufreißen von Autotüren oder Einschlagen von Autofenstern, bei dem Wertgegenstände vom Beifahrersitz entwendet werden. Sie sollten also niemals offensichtlich Gegenstände, die auch nur wertvoll aussehen, auf dem Beifahrersitz liegen lassen. Verstauen Sie Ihr Gepäck stattdessen immer im Kofferraum und lassen Sie die Kofferraumabdeckung, wenn möglich immer offen, um zu demonstrieren, dass es bei Ihnen nichts gibt, was für Diebe von

Interesse sein könnte. Außerdem kann es hilfreich sein, während der Fahrt die Türen zu ver-
riegeln, sodass der Überfall hinausgezögert und
somit im besten Fall der Täter abgeschreckt
wird.

Sollten Sie dennoch einmal in diese un-
schöne Lage geraten, versuchen Sie möglichst
ruhig zu bleiben und verlassen Sie auf keinen
Fall den Wagen. Das gilt auch für den Fall, wenn
Sie einen Überfall beobachten, der Sie nicht direkt betrifft.

Carjacking

Das bereits angeführte Beispiel des Wasserver-
käufers ist ein Fall von Carjacking. Beim Carjacking handelt es sich zumeist um organisierte
Kriminalität, bei der Sie zum Verlassen des Autos gezwungen oder herausgelockt werden. Sie
können das Risiko Opfer eines Carjacking-Über-
falls zu werden enorm verringern, wenn Sie nur
auf gut beleuchteten Parkplätzen parken bzw.
parken lassen.

Wenn es tatsächlich dazu kommen sollte,

dass Sie sich in einer solchen Situation wiederfinden, reagieren Sie wie folgt:

– Versuchen Sie nicht, Schäden am Auto zu vermeiden und sich dafür in eine noch gefährlichere Situation zu bringen.

– Vermeiden Sie Blickkontakt mit den Tätern, da diese sonst annehmen könnten, Sie versuchen sich deren Gesichter für eine Beschreibung bei der Polizei zu merken.

– Entfernen Sie sich vom Auto und leisten Sie keinen Widerstand. Sie haben keine Chance gegen die Täter und wollen sie nicht provozieren, von Gewalt Gebrauch zu machen.

– Melden Sie den Vorfall bei der deutschen Botschaft. Sie bekommen dort Unterstützung für das weitere Vorgehen.

Allgemeine Tipps

Abgesehen von diesen sehr speziellen Taktiken des Überfalls, sollten Sie natürlich genauso achtsam wie in jeder Großstadt sein. Tragen Sie keinen Schmuck, der wertvoll aussieht, tragen Sie neutrale Kleidung und keine auffällige Markenkleidung, durch die man Sie für wohlhabend hält. Achten Sie besonders in Menschenmassen darauf, dass Sie Ihre Wertgegenstände nah am Körper tragen und im Auge haben.

Ein weiterer Tipp, um bei Raubüberfällen das Ausmaß in Grenzen zu halten ist, immer um die 100 Real dabei zu haben. Im Falle des Falles können Sie diese kampflos herausgeben und der Räuber verschwindet.

Weiterhin gilt natürlich, dass Sie niemals unbegleitet in Stadtteile gehen, die nicht als sicher gelten. Bleiben Sie an Touristen-freundlichen Orten und Vierteln oder suchen Sie sich einen professionellen Guide, der Sie durch kritische Gebiete führt.

Haben Sie diese Tipps verinnerlicht, so befinden

Sie sich auf der sicheren Seite und wissen, wie Sie den gefährlichen Situationen aus dem Weg gehen können, um den bestmöglichen Aufenthalt in Rio verbringen zu können.

Aber wie wurde Rio eigentlich zu der Stadt, die sie heute ist?

Die Geschichte Rio de Janeiros

Rio, eine der vielfältigsten Städte der Welt, hat auch eine sehr reiche Geschichte! Wussten Sie, dass Rio de Janeiro fast 200 Jahre lang die Hauptstadt Brasiliens war? Oder, dass die portugiesische Königsfamilie nach Rio gezogen ist und die Stadt zur ersten Hauptstadt Europas außerhalb des Kontinents gemacht hat? Lesen Sie hier über die Geschichte von Rio de Janeiro und erfahren Sie alles über die wunderbare Stadt!

VORKOLONIALES RIO – GESCHICHTE VON RIO DE JANEIRO

Die Geschichte von Rio de Janeiro beginnt zwei Jahre nach der Ankunft der Portugiesen in Brasilien im Jahre 1500. Im Januar 1502 segelte ein Seemann namens Gaspar de Lemos über den Zuckerhut und betrat die Bucht von Guanabara. Dort wurde der Ort, den wir heute Rio de Janeiro nennen, entdeckt.

Natürlich müssen wir immer vorsichtig sein, wenn wir den Begriff "entdecken" verwenden, wenn wir über kolonialistische Exkursionen sprechen. Tatsächlich fanden sie nichts Neues, der Kontinent existierte bereits und Menschen bewohnten ihn seit Tausenden von Jahren.

Es gibt viele Zweifel darüber, ab wann Brasilien von Menschen besiedelt wurde, da ständig neue archäologische Entdeckungen gemacht werden. Es ist aber bekannt, dass es bereits vor

12.000 Jahren Jäger und Sammler in Brasilien gab. Eine brasilianische Archäologin namens Nièdé Guidon fand im Nordosten Brasiliens sogar Hinweise darauf, dass das menschliche Leben bereits vor mindestens 35.000 Jahren existierte!

Die Tupinambá, der Stamm, der die Region von Rio de Janeiro bewohnte, lebte schon ungefähr 3000 Jahre dort, bevor die Portugiesen ankamen. Vor der Entdeckung Brasiliens 1500 hatte Brasilien laut Historikern zwischen 2 und 4 Millionen Indianer. Heute sind es rund 900.000. Es gibt keine Schriftstücke und nur wenige Artefakte, die uns von den Ureinwohnern Brasiliens berichten, daher stützen sich Studien über indigene Stämme lediglich auf die Geschichten der portugiesischen Kolonialisten.

KOLONIALES

Rio de Janeiro erhielt seinen Namen aufgrund eines Missverständnisses. Die Portugiesen hielten Guanabara Bay für einen Fluss. Der Monat der Entdeckung war der Januar. Mit großer Kreativität beschlossen sie, den neuen Ort „Rio de Janeiro" zu nennen, was auf Deutsch "Fluss des Januars" heißt.

Die Portugiesen waren jedoch nicht die einzigen Europäer, die sich für Rio de Janeiro interessierten. Die Franzosen waren auch in die Stadt eingedrungen bis die Portugiesen 1567 die Franzosen vertrieben und Rio de Janeiro offiziell gegründet wurde.

KOLONIALE HAUPTSTADT

Rio entstand zwischen vier Bergen, die später zerstört wurden, um Raum für die Urbanisierung der Stadt zu schaffen. Bis ins späte 17. Jahrhundert war Rio eine kleine Stadt, die nicht viel zu bieten hatte. Es war praktisch ein Ort für den

Zuckerrohranbau und ein Hafen für afrikanische Sklaven, um in Südamerika anzukommen.

Es geschah jedoch etwas bedeutendes Ende des 17. Jahrhunderts, was den Lauf der Geschichte Brasiliens und Rios grundlegend veränderte: Die Portugiesen fanden Gold in Minas Gerais, einer benachbarten Provinz, weshalb der Hafen Rios grundlegend erneuert und ausgebaut wurde. Danach begann die Bevölkerung Rios rapide zu wachsen und im Jahr 1763 wurde die Stadt sogar zur Hauptstadt der Kolonie, was sich erst 1960 änderte, als Brasília zur Hauptstadt Brasiliens ernannt wurde!

Der Hauptgrund für den Wechsel der Hauptstadt nach Rio de Janeiro war der Transport des Goldes. Das Gold musste nach Europa transportiert werden, aber Salvador (Bahia) war weit entfernt von den Goldminen. Es war also einfacher, eine Stadt zur Hauptstadt zu machen, die sich näher an den Goldminen befindet, damit das Gold direkt aus der Hauptstadt nach Europa transportiert werden kann.

Die Bevölkerung der Stadt wuchs, aber es war noch immer eine Stadt, die nicht viel zu bieten hatte. Es gab keine Universitäten, keine nationale Sicherheit und nicht viel Kultur. Das änderte sich 1808!

HAUPTSTADT EINES EUROPÄISCHEN LANDES – AUßERHALB EUROPAS

Zwischen 1808 und 1822 wurde Rio de Janeiro zum Wohnsitz der portugiesischen Königsfamilie, als diese Aufgrund der Invasion der Napoleonischen Armee aus Europa flüchten musste.

1907 musste die portugiesische Königsfamilie aufgrund einer Invasion der Napoleonischen Armee aus Europa fliehen und entschied sich für Rio als ihren neuen Wohnsitz. Mit ihnen brachten sie wichtige Bücher, Kunstwerke und Dokumente des portugiesischen Staates. Man nimmt an, dass zwischen 10.000 und 15.000 Mitglieder der portugiesischen High Society Anfang 1808 nach Rio auswanderten, was maßgeblich zur wirtschaftlichen Entwicklung Rio de Janeiros beitrug.

Der Prinzregent Dom João VI. war zu dieser Zeit verantwortliche für Portugal. Seine Mutter Maria I. galt als geistig verrückt, weshalb es ihr nicht gewährt wurde, eigenständig zu regieren. Dom João erkaufte sich Englands Unterstützung bei der Flucht. Gegen ein wirtschaftliches Abkommen würden sie Napoleon nicht von der Flucht berichten. Der Preis für Englands Schweigen war, den brasilianischen Handel auch nach England zu öffnen.

Vor 1808 konnte kein anderes europäisches Land mit Brasilien handeln. Dies änderte sich 1808 nach der Ankunft der königlichen Familie. Die gesamte portugiesische Regierung befand sich hier in Rio de Janeiro, was im Grunde bedeutete, dass Portugal von hier aus regiert wurde. Können Sie sich vorstellen, wie das vor mehr als 200 Jahren funktioniert hat? Zum Beispiel war die Kommunikation zwischen Brasilien und Portugal sehr langsam. Ein Brief brauchte mehrere Monate, manchmal sogar über ein Jahr, um dorthin zu gelangen! Die Portugiesen gründeten hier den Botanischen Garten, die Banco do Brasil und die School of Fine Arts.

UNABHÄNGIGKEIT BRASILIENS

Prinz Dom João VI. blieb für 13 Jahre in Brasilien, bevor er 1821 nach Portugal zurückkehrte. Die Hauptgründe für seine Rückkehr waren der große Druck der portugiesischen Bevölkerung. Portugal war ein Land mit großen Problemen, voller Revolutionen und separatistischen Bewegungen. Dom João kehrte nach Europa zurück, ließ jedoch seinen Sohn Pedro I. in Brasilien zurück.

Pedro I. kam 1807 im Alter von 9 Jahren nach Rio. Er war ein Portugiese, der einen Großteil seines Lebens in Rio de Janeiro verbrachte und geradezu verliebt in Brasilien war. Im Januar 1822 bat Dom João Dom Pedro, nach Lissabon zurückzukehren, um Brasilien von Portugal aus zu regieren. Er lehnte jedoch jede Einladung ab und entschloss sich, in Rio zu bleiben. Dieser Tag, der 9. Januar, ist der berühmte Fico-Tag, was auf Deutsch so viel heißt wie "Ich bleibe"-Tag. Dieser Tag gilt als einer der wichtigsten der brasilianischen Geschichte. Sieben Monate nach diesem Tag verkündete Dom Pedro I. die Unabhängigkeit Brasiliens von Portugal.

Der Weg Brasiliens in die Unabhängigkeit, gerade wenn man ihn mit den Nachbarländern Lateinamerikas vergleicht, war friedlich. Es gab praktisch keine Kriege oder Revolutionen, auch keine Bewegung, für die die Bevölkerung kämpfte. Unabhängigkeit war ein Traum der Elite. Zum Zeitpunkt der Unabhängigkeit lebten in Brasilien ca. 4,6 Millionen Menschen. Es wird angenommen, dass mindestens 15 % der Bevölkerung dieser Zeit Sklaven waren.

KAISER VON BRASILIEN

Als Dom Pedro I. die Unabhängigkeit erklärte, wurde Brasilien zu einem Imperium, was einen großen Unterschied zu den spanischen Kolonien darstellt, die direkt zu einer Republik wurden. Dom Pedro, der erste Kaiser Brasiliens, war bekannt für seine starke Meinung und Respektlosigkeit gegenüber Frauen. Die Bevölkerung Brasiliens war während seiner Herrschaft nicht sehr glücklich. Er blieb bis 1831 in Rio, bevor er nach Portugal zurückkehrte.

Pedro I. verließ seinen Sohn Pedro II. noch bevor dieser bereit war, der nächste Kaiser Brasiliens zu werden. Dom Pedro II. war zu dem Zeitpunkt ein fünfjähriges Kind, unfähig ein Land zu regieren. Er erlebte und lernte 10 Jahre lang, wie verschiedenste Politiker das Land regierten, um dann, im Alter von 15 Jahren, zum Nachfolger Pedros I. ernannt zu werden.

Ein großer Unterschied zwischen ihm und seinem Vater war, dass Dom Pedro II. ein echter Brasilianer war. Pedro II. reiste viel, was die internationalen Beziehungen Brasiliens rapide stärkte. Bis heute gilt Dom Pedro II. als einer der wichtigsten Politiker in der Geschichte Brasiliens und als letzter Monarch, der das Land regierte. Am 15. November 1889 wurde Brasilien offiziell zu einer Republik.

DIE REPUBLIK UND RIO DE JANEIRO

Zwei Tage nach der Proklamation der Republik verließ die kaiserliche Familie Brasilien und reiste nach Europa, was zu einem weiteren, sehr wichtigen Moment in der brasilianischen Geschichte führte: Brasiliens erster Präsident kam an die Macht, Deodoro da Fonseca. Fonseca war ursprünglich ein Militär, bevor er sich der Politik widmete. Brasiliens Wechsel hin zur Republik war die Ursache einer starken militärischen Bewegung. Die Sklaverei wurde erst ein Jahr zuvor, im Jahr 1888, abgeschafft und die meisten befreiten Sklaven schlossen sich der Armee an.

Niemand glaubte konkret an das Reich. Fast

alle Nachbarländer waren bereits seit über einem halben Jahrhundert eine Republik. Seit 1889 hatte Brasilien bis heute 40 Präsidenten, eine Frau und 39 Männer.

Die wundervolle Stadt hat sich während der Republik sehr verändert. Zu Beginn der Republik hatte Brasilien gerade die Sklaverei abgeschafft, was zu großer Wohnungsnot führte. Viele der ehemaligen Sklaven lebten auf der Straße. Die Stadt litt unter mangelnder Hygiene und es gab kein Sanitärsystem.

Dies sollte sich im frühen 20. Jahrhundert ändern, als der damalige Bürgermeister Rios, Pereira Passos, sich für eine Neuorganisation der Stadt einsetzte. Befreite Sklaven, die in Mietshäusern wohnten, mussten umziehen, um Bauplätze zu schaffen. Die Sklaven zogen in Slums, außerhalb des Stadtkerns: die Geburtsstunde der Favelas.

Pereira Passos war aber auch darauf bedacht, Rios Kultur und Infrastruktur zu stärken. Parks, Gerichte und das Kulturviertel Cinelândia wurden errichtet. Aus dieser Zeit stammen viele Attraktionen, die Sie bis heute besuchen können, beispielsweise das Stadttheater, die Nationalbibliothek und diverse Museen!

Lebensfreude pur

Wohin auch immer man schaut: Für Menschen aus jedem Land gibt es Klischees und Eigenarten, an die man sofort denken muss. In diesem Kapitel finden Sie die populärsten Klischees über Brasilien und seine Einwohner. Lernen Sie, was tatsächlich den Charakteristika vieler Brasilianer entspricht und wie Sie Brasilianern nicht begegnen sollten, wenn Sie sie nicht verärgern wollen.

BRASILIANER SIND FUSSBALLSÜCHTIG

Überall auf der Welt verbindet man Brasilien direkt mit Fußball. Brasilianer würden immer über Fußball reden, jeder Brasilianer spielt Fußball und lebt dafür.

Wenn Sie jemanden fragen, was ihm als Erstes in den Sinn kommt, wenn er an Brasilien denkt, antwortet er höchstwahrscheinlich mit „Fußball!".

Ja, es stimmt, dass Fußball schon lange ein wichtiger Nationalsport Brasiliens ist, der vielen am Herzen liegt. Brasilianer sind stolz darauf, dass ihre Spieler als besonders talentiert gelten und ihr Fußball auch in vielen anderen Ländern als besonders schön und technisch raffiniert wahrgenommen wird. Kinder kicken bereits in jüngsten Jahren auf der Straße oder im Verein und schließen sich oftmals Fangemeinschaften an, die treu hinter ihrem Team stehen. Da Brasilianer zudem auch noch sehr temperamentvoll und stolz sind, ist es oftmals eine heikle Angelegenheit für sie, wenn ihr Team ein Spiel verliert. Gleichzeitig entwickelt sich aber auch landesweite Euphorie, wenn sie gewinnen. Erst recht, wenn sie gegen Argentinien gewinnen, Brasiliens Fußball-Erzfeind.

Gerade wegen dieser Emotionalität, mit der viele Brasilianer dem Fußball gegenüberstehen, kann jedem Deutschen nur dringend geraten werden: Überlegen Sie gut, ob Sie Witze über das 7:1 zwischen Deutschland und Brasilien machen. Kennen Sie einen Brasilianer gut, können Sie ihn damit natürlich bestens necken und provozieren, aber es ist häufig keine gute Idee, Fremde, die man zum Beispiel in einer Bar kennengelernt hat, damit aufziehen, auch wenn man denkt, man verstünde sich sehr gut und damit eine freundschaftliche Atmosphäre schaffen will. Das kann schnell nach hinten losgehen, gerade, wenn man umgeben von Brasilianern ist.

Über Fußball zu reden ist fast immer ein guter Aufhänger, um mit Brasilianern ins Gespräch zu kommen, aber denken Sie daran, nutzen Sie

das Gespräch dafür ihr Gegenüber kennenzulernen, fragen Sie nach seinem/ihrem Lieb-
lingsteam oder erzählen Sie von ihrem eigenen.
Machen Sie sich diese Chance auf eine Freund-
schaft nicht kaputt nur wegen eines provokan-
ten Witzes!

ALLE BRASILIANER TANZEN SAMBA

Neben Fußball scheint die ganze Welt zu denken, dass alle Brasilianer von Geburt an perfekt
Samba tanzen können. Brasilianische Mythen
besagen sogar, dass Fußball und Samba zusam-
menhängen, dass Samba helfen kann, die Tech-
nik zu verbessern und den Fußball schöner zu
machen!

In der Realität ist es so, dass es wahrhaftig
eine Kunst ist, Samba zu tanzen! Man benötigt
verschiedenste Fähigkeiten, wie zum Beispiel
außerordentliche Koordination des Körpers,
um eine ganze Reihe komplizierter Tanzschritte
in maximaler Geschwindigkeit ausführen zu

können. Sind Sie auf einer Party oder in einer Bar und es wird ein Samba gespielt, dann fragen Sie doch mal jemanden, ob er Ihnen ein paar Schritte beibringt. Viele Brasilianer können die Grundschritte des Sambas passabel aufs Parkett legen, um jedoch Schritte und Moves ausführen zu können, die darüber hinausgehen, bedarf es einer Menge Training. Versuchen Sie es doch mal selbst, dann werden Sie verstehen!

Es ist allerdings so, dass Samba nicht das meistgespielte Musikgenre ist, wenn Sie eine brasilianische Party besuchen. Es gibt viel mehr Genres, die typisch brasilianisch sind, zum Beispiel Funk und Sertanejo. Aber auch Rap, Rock und Elektro sind häufig vertreten. Die Musik in Brasilien ist also unterm Strich genauso vielfältig wie das Volk und das Land selbst!

BRASILIANISCHE FRAUEN SIND LEICHT ZU VERFÜHREN, BRASILIANISCHE MÄNNER MACHOS

Es gibt Klischees, laut denen brasilianische Frauen leichter zu verführen sind, weil die Kultur des Landes "wärmer" ist. Brasilianer seien offener, auch gegenüber sexueller Erlebnisse. Eine typische Brasilianerin ist, laut Klischees, freizügig, tanzt Samba in knapper Kleidung, hat einen tollen, trainierten Körper mit perfekten Rundungen, trinkt in ihrer Freizeit Caipis am Strand und flirtet gut und gerne mit vielen Männern. Gleichzeitig sehen Brasilianer Deutsche, in dem Kontext besonders auch deutsche Frauen, als kalt und spießig an, sexuell verklemmt, die in der Hinsicht auch nur wenig Spaß verstehen. Sie wissen selbst, dass das so meistens nicht stimmt, dennoch zeigen diese konträren Wahrnehmungen der jeweils anderen Nationalität, dass es durchaus Unterschiede gibt im Flirtverhalten und dem Umgang mit Sexualität. In der

Tat sind Brasilianer offener und kontaktfreudiger. Als Europäer gilt dabei aber Vorsicht: Nur weil eine Brasilianerin sich offen und euphorisch mit Ihnen unterhält, sollte das nicht gleich als flirten interpretiert werden! Viele Brasilianerinnen können von verbalen und physischen Übergriffen berichten, bei denen Männer ihr Verhalten als sexuelles Interesse verstanden haben. Auch wenn Brasilianerinnen Ihnen dem Augenschein nach Signale zukommen lassen, die Sie so direkt von europäischen Frauen nicht kennen, behandeln Sie sie respektvoll und überstürzen Sie nichts, so wie Sie es auch im eigenen Land nicht machen würden.

Brasilianische Männer sind in der Tat oftmals sehr draufgängerisch unterwegs, gerade als Europäerin werden Sie vermutlich mit Brasilianern und ihrem Charme konfrontiert werden. Das liegt schlicht und ergreifend daran, dass in Brasilien eine andere Art der Sozialisierung stattfindet als in Europa. Einfach aufeinander zugehen und ins Gespräch kommen, eine

Selbstverständlichkeit in Brasilien. Die Gender-diskussion ist noch nicht auf demselben Stand wie in Deutschland, weshalb Männer häufiger dazu neigen "klischeehaftes" männliches Verhalten zu zeigen. Seien Sie nicht überrascht, wenn ein Mann ihren Körper offensichtlich ansieht und Ihnen dazu Komplimente macht und überbewerten Sie das nicht. Ein Urlaub in Brasilien wird Ihr Selbstbewusstsein mit Sicherheit stärken! Wichtig: Haben Sie keine Angst zu sagen, wenn Sie sich bedrängt fühlen. Brasilianer sind zwar verglichen zu deutschen Männern offensiver, wenn es ums Flirten geht, verstehen und respektieren aber ein "Nein"!

BRASILIANER SIND IMMER ZU SPÄT

Bestimmt haben Sie schon einmal von der Unpünktlichkeit der Brasilianer gehört. Auch bei diesem Beispiel ist es so, dass Brasilianer genau das gegenteilige Klischee den Deutschen gegenüber haben. Sie können sich also denken, dass es einen Unterschied gibt zwischen der Pünktlichkeit von Brasilianern und Deutschen.

Wenn Sie in Brasilien Einheimische kennenlernen und sich mit Ihnen verabreden, kann Ihnen dringend geraten werden: Sehen Sie es ruhig etwas locker mit der Zeit. Sind Sie bei Brasilianern eingeladen, kommen Sie ruhig etwas später. Erscheine Sie zu der verabredeten Zeit ist es sehr wahrscheinlich, dass Sie Ihren Gastgeber in eine unangenehme Situation bringen, da er noch nicht fertig ist. Es ist nahezu normal, etwa 30 Minuten zu spät zu kommen, wenn Sie bei jemandem eingeladen sind. Gehen Sie auf eine Party, so dürfen es auch gerne mal ein oder zwei Stunden sein. Genauso gilt auch für Bus und Bahn, dass die Uhrzeiten wohl zumeist nicht stimmen, wie sie angegeben sind, was in Großstädten wie Rio auf die unvorhersehbaren Verkehrslagen zurückgeführt werden kann.

Doch Vorsicht: Bei geschäftlichen Terminen ist dieses flexible Verständnis von Pünktlichkeit oftmals so nicht gegeben und wird als genauso unzuverlässig betrachtet, wie Sie es aus Europa gewohnt sein dürften. Riskieren Sie in solchen Situationen also lieber, auf Ihr Gegenüber warten zu müssen, als sich auf das sonst so typisch lockere Verhältnis in Bezug auf Zeit zu verlassen.

Leben in Rio

Wie lebt es sich eigentlich in Rio? Diese Frage beinhaltet verschiedenste Aspekte, wie zum Beispiel die Integration in das Leben, in welchen Stadtteilen man gut unterkommen kann oder wie viel der Alltag in Rio kostet. Die relevanten Aspekte für Sie als Tourist in Rio werden im Folgenden näher betrachtet.

Wo soll man in Rio de Janeiro wohnen?

Sicherheit ist vermutlich das Hauptanliegen derjenigen, die in Rio de Janeiro eine Bleibe suchen. Wie in jeder Großstadt sind auch in Rio de Janeiro bestimmte Vorsichtsmaßnahmen erforderlich, um die geforderte Sicherheit zu gewährleisten. Die Wahl des richtigen Wohnorts kann hier Abhilfe schaffen. Als die sichersten Stadtteile in Rio gelten unter anderem Leblon, Lagoa, Leme, Peixoto (an der Copacabana) oder Laranjeiras. Als besonders sicher gilt insgesamt das Leben im Süden Rios.

COPACABANA

Wenn Sie sich zum Beispiel für die Copacabana entscheiden, befinden Sie sich im berühmtesten brasilianischen Viertel der Welt! Das Muster der weltweit bekannten Strandpromenade simuliert die Wellen des Meeres und ist eins der populärsten Motive für Postkarten aus Rio. Die Promenade eignet sich perfekt für einen Spaziergang, um die Schönheit der Avenida Atlantica zu genießen.

In der Umgebung der Copacabana befindet sich zudem ein weit gefächertes Angebot an beliebten Boutiquen und Geschäften.

Wollen Sie die Copacabana verlassen, um beispielsweise ins Zentrum Rios zu gelangen, so können Sie das ganz einfach mit der U-Bahn machen, die auch deutlich zuverlässiger ist als Busse.

LEBLON

Von der Liste der sichersten Wohnorte in Rio de Janeiro ist die Entscheidung in Leblon zu leben eine ausgezeichnete Option für Menschen, die gerne in Bewegung sind.

Ein ruhiges, wirtschaftlich weit entwickeltes Viertel mit renommierten Bars, erstklassigen Restaurants, Feinkostläden, Cafés und Pubs für den späten Nachmittag und Abend. Alles ohne die rasende Bewegung von Copacabana und Ipanema. Leblon ist die richtige Wahl für Sie, wenn Sie gerne etwas ruhiger leben wollen als beispielsweise an der Copacabana.

Man nennt Leblon auch "das Viertel mit Strand, Struktur und Frieden", weshalb es auch viele Künstler und Prominente nach Leblon zieht.

IPANEMA

Ipanema mag nicht nur in Rio, sondern weltweit eines der bekanntesten Viertel sein, was nicht unbedeutend mit dem Lied "Garota da Ipanema" von Vinícius de Moraes und Tom Jobim zusammenhängt.

Obwohl der Name des Strandes Ipanema Beach ursprünglich übersetzt von den Indianern "Bad Water Beach" ("y" Wasser; "panema" wertlos) meint, gilt er als einer der schönsten Strände in Rio und der ganzen Welt. Er ist nicht nur perfekt zum Schwimmern und Sonnen, sondern auch ein Traum für Surfer und Leute, die nach Strandsportaktivitäten suchen.

Insider-Tipp: Der berühmte Sonnenuntergang an der "Pedra do Arpoador" gilt als einer der Höhepunkte des Lebens in Ipanema.
Zusätzlich zu diesen drei Beispielen haben Sie weitere hervorragende Möglichkeiten, in der

Süd-Zone von Rio de Janeiro zu leben, wie zum Beispiel:

- Leme;
- Laranjeiras;
- Botafogo;
- Flamengo;
- Catete,

Trotz der Probleme und der schon angesprochenen Kriminalität ist Rio eine wunderbare Stadt und wenn Sie wissen, wie Sie sich für einen Wohnort in Rio de Janeiro entscheiden, erhalten Sie garantiert Dienstleistungen von hohem Standard und einer beispiellosen Qualität, sodass Ihr Aufenthalt an Rio ein einzigartiges Erlebnis wird!

Bezüglich sonstiger Ausgaben wie Essen, Freizeit und Transport lässt sich betonen, dass die Lebenshaltungskosten in Rio de Janeiro laut einigen Forschungsinstituten und Statistiken etwa 18 % niedriger sind als in São Paulo.

Hier einige Durchschnittswerte zu den Lebenshaltungskosten in Rio de Janeiro, die, je nachdem wie lange Sie in Rio bleiben wollen, relevant für Sie sein könnten.

Internet 6 MB (monatliche Gebühr) – R $ 78,12

Bus – R $ 3,75 pro Ticket

U-Bahn – R $ 4,30 pro Ticket

1 Stunde Parken in der Zentralregion – R $ 15,16

Reis (5 kg) – R $ 12,26

Bohnen (1 kg) – R $ 4,42

Flasche Bier – 4,95 $

Mittagessen in einem teuren Restaurant – R $ 85,30

Mittagessen in einem günstigen Restaurant – R $ 18,84

Monatliche Gebühr im Fitnessstudio – R $ 91,70

Theaterkarten – 21,00 $

Für Feierfreudige

Hier finden Sie die Top-Tipps für Orte, die unter der Woche am häufigsten besucht werden, Musikstile, wo Partys zu finden sind, wie man dorthin kommt, Budget und viele andere Tipps.

Hier die wichtigsten Tipps:

1 – Ein wirklich guter Tipp ist ohne Zweifel, unbedingt Caipirinhas zu trinken! Wenn Sie schon im Urlaub in Rio sind, dann müssen Sie auch typische Dinge probieren, oder? Hier wird der Caipirinha sehr gut serviert, vor allem zu einem günstigen Preis auf der Straße oder in kleinen Bars am Strand. Einfach ein Muss!

2 – Wenn es um Sicherheit geht, ist es abhängig von der Gegend, die Sie bevorzugen, empfehlenswert, nur mit einem Ausweis und Geld auszugehen, um die Nacht zu genießen. Wenn Sie nachts mit vielen Wertsachen ausgehen, kann dies gefährlich sein.

3 – Neben den interessanten Bars und Nachtclubs ist es auch sehr empfehlenswert, die Straßenfeste von Rio de Janeiro zu besuchen. Sie sind sehr bekannt, perfekt um Kontakte zu knüpfen und außerdem auch noch kostenlos!

4 – Es gibt die Möglichkeit, an begleiteten Pub Crawl Touren teilzunehmen. Mit diesen Touren sparen Sie manchmal Geld, lernen Leute kennen und werden von einem Experten in Rio de Janeiro begleitet.

WOCHENENDE

Wenn Sie an einem Freitag in Rio sind, haben Sie viele Möglichkeiten das Nachtleben zu genießen. Wählen Sie eine Bar in einem Viertel, mit dem Sie sich identifizieren oder einen berühmten Nachtclub, der den Musikstil Ihres Geschmackes vertritt. Falls Sie etwas Besonderes suchen und bereit sind etwas mehr zu bezahlen, gibt es mehrere Partys und Veranstaltungen, die am Wochenende stattfinden. Alle gelisteten Bars und Clubs werden auch am Freitag und Samstag geöffnet haben, Sie müssen praktisch nur auf die Straße gehen und werden mit einer Fülle an Partyangeboten überhäuft werden.

Sonntag ist der Tag mit den wenigsten Möglichkeiten in der Stadt. Die meisten Bars haben allerdings noch geöffnet. Wenn Sie die Woche mit einem ruhigeren Programm abschließen möchten, werfen Sie einen Blick auf unsere Liste der Bars, in denen werden Sie auch am Sonntag ein interessantes Abendprogramm geboten bekommen.

Da Rio zu den Städten gehört, die fast niemals schlafen, gibt es natürlich auch jeden Tag in der Woche die Möglichkeit feiern zu gehen und Partys zu besuchen. Sie finden hier ein paar kleine Inspirationen und Tipps. Die meisten der gelisteten Bars haben auch an anderen Tagen geöffnet, sind aber an den entsprechenden Tagen, denen Sie zugeordnet wurden, am spannendsten oder bieten ein spezielles Programm an.

MONTAGS

Straßenfest: Pedra do Sal

Pedra do Sal ist der traditionellste Samba-Veranstaltungsort in Rio de Janeiro, wo tatsächlich der erste Samba gespielt wurde. Noch heute versammeln sich die Leute am Veranstaltungsort für eine "Samba de raíz", was wörtlich übersetzt "Wurzelsamba" heißt, und die traditionellste aller Formen des Sambas meint. Die Party findet jeden Montag statt und ist natürlich kostenlos.

Adresse: Rua Argemiro Bulcão 38, Largo João da Baiana, am Fuße des "Morro da Conceição (Saúde)"

Öffnungszeiten: Montag bis 20 Uhr

Boat Party "Bem Brasil"

Montags fährt ein Boot an der Bucht von Rio de Janeiro ab und wird in einen Club mit Getränken, DJs, professionellem Sound- und Lichtsystem und noch viel mehr verwandelt. Diese exklusive Party ist ausgelegt für 150 Personen und wird meistens von vielen Touristen besucht. Garantiert eine Party mit ansteckender Energie in einer unvergesslichen Umgebung.

Adresse: Baia de Guanabara

Öffnungszeiten: Montag bis 23 Uhr

Copacabana: BIP BIP

Suchen Sie etwas Ruhigeres für Ihren Montag? Die Empfehlung ist, nach dem BIP BIP an der Copacabana zu suchen. Die Bar ist bekannt für erstklassige Musik und eine entspannte Atmosphäre. Für Touristen auf der Suche nach Prunk und Luxus ist diese Bar vermutlich nichts, aber wenn Sie lokalen Musikern in einem authentischen, kleinen Lokal zuhören wollen, sind Sie hier genau richtig.

Adresse: Rua Almirante Gonçalves 50, Loja D. Copacabana.

Telefon: (21) 2267-9696.

Öffnungszeiten: Montag bis Samstag von 20 bis 01 Uhr; Sonntag von 19 bis 01 Uhr

Straßenfest: Samba do Trabalho – Clube Renascença

Jeden Montag eins der besten Samba-Events der Stadt. Neben der hervorragenden Musik ist der Ort sehr familiär gehalten. Neben wahnsinnig guter Musik und erfrischenden Getränken finden Sie hier auch Stände, die Ihnen verschiedenste, typisch brasilianische Snacks anbieten.

Adresse: Rua Barão de São Francisco, 54 – Andaraí.

Öffnungszeiten: Montag ab 16 Uhr

DIENSTAGS

Bem Brasil Party: Barzin Rio Live

Sind Sie Fans von Elektro, Hiphop, House, oder Funk? Dann findet jeden Dienstag die richtige Party für Sie im Club Barzin Rio Live statt. Sie finden hier sowohl einen renommierten Gastronomie-Bereich als auch verschiedene Areas, in denen überall DJs auflegen. Eintritt kostet hier in der Regel R$ 50,00, kann aber je nach

Veranstaltung variieren.

Adresse: Rua Vinícius de Moraes, 75

Öffnungszeiten: Dienstag ab 21 Uhr

Samba direkt von der Quelle – Botequim Vaca Atolada

Es ist Dienstag und Sie haben Lust auf Samba? Von Dienstag bis Samstag können Sie im Botequim Vaca Atolada mit echten Cariocas Samba tanzen! Auch hier gilt: Erwarten Sie keinen Luxusclub, sondern seien Sie gefasst auf echtes brasilianisches Partyfeeling!

Adresse: Avenida Gomes Freire, 533

Öffnungszeiten: Dienstag ab 19:30 Uhr

MITTWOCHS

Fosfobox Party, veranstaltet von Bem Brasil

Bem Brasil bringt ein internationales Publikum in den wichtigsten Underground-Club von Rio de Janeiro. Hiphop, Funk, Trap und andere Sounds, zu denen Sie die ganze Nacht tanzen können. Wenn Sie einmal Abstand von der typisch brasilianischen Musik wollen und eher zu westlicher Musik feiern wollen, probieren Sie es doch mal hier.

Adresse: Rua Siqueira Campos, 143, Copacabana

Öffnungszeiten: Mittwoch ab 23 Uhr

Choro da Glória

Kneipentour mal anders: Choro da Glória (deutsch: Das Weinen des Ruhms) ist eine Akustikband, die mittwochs durch verschiedene Bars der Stadt zieht, um Choro, eine typisch brasilianische Musikrichtung, zu spielen. Um die Standorte zu kennen, können Sie ganz einfach die Facebook-Seite der Band im Auge behalten, die immer auf dem neuesten Stand gehalten wird und den aktuellen Standort der Band veröffentlicht.

Adresse: Ort variiert immer

Öffnungszeiten: mittwochs mit variablen Zeiten

Jazz in der "Bar do Nanam"

Jeden Mittwoch wird in Nanams Bar der typische Jazz gespielt. Nanams Bar ist eine typisch urige Bar im Herzen von Rio. Jeder Dienstag wird zu einem musikalischen, sozialen und interkulturellen Treffpunkt! Unfassbar an dieser Bar ist der Andrang. Auch wenn es sich nur um ein kleines Lokal handelt, wird selbst die Straße vor der Bar zu einem eigenen Fest, das sich definitiv zu besuchen lohnt!

Adresse: Bar do Nanam, Beco das Artes

Telefon: (21) 96402-9121

Öffnungszeiten: Mittwoch ab 21 Uhr

Bossa Nova in Beco das Garrafas

Die Verbreitung von Bossa Nova (deutsch: neue Welle) ging aus einer kleinen Gasse mit verschiedensten Bars, nahe der Copacabana, hervor, die im Volksmund Beco das Garrafas genannt wurde, was so viel bedeutet wie Gasse der Flaschen. Bis heute wird dort jeden Donnerstag Bossa Nova gespielt.

Adresse: Beco das Garrafas

DONNERSTAGS

Samba am "Arco do Teles "

Neben Samba sind Brasilianer bekannt für ihre Seifenopern. Ein Schauplatz, der immer wieder in den sogenannten Telenovelas des Fernsehsenders Globo auftaucht, ist der "Arco do Teles". Ein lässiger Club, den Sie schon aus Fernsehserien kennen können, wenn Sie Lust haben mal reinzuschauen.

Adresse: Travessa do Comércio - Praça XV

Öffnungszeiten: Variieren je nach Event.

Forró da Rua do Ouvidor

In der Rua do Ouvidor, gleich hinter dem Arco do Teles, gibt es viele Bars, in denen sich die Leute am Ende des Tages während der Happy Hour Cocktails oder andere Erfrischungsgetränke gönnen. Dort gibt es jede Woche donnerstags und freitags unterschiedlichste Events, wie zum Beispiel eine Forró Nacht.

Adresse: Rua do Ouvidor

Öffnungszeiten: ab 19 Uhr

WIE KOMMEN SIE ZUR PARTY UND WIEDER ZURÜCK?

Für den Hinweg ist es in der Regel kein Problem, öffentliche Verkehrsmittel wie Bus und U-Bahn zu verwenden, um zu den Partys zu gelangen. Nach Mitternacht fahren die U-Bahnen allerdings in der Regel nicht mehr, weshalb es empfehlenswert ist, aus Sicherheits- und Bequemlichkeitsgründen ein Uber oder Taxi zu Ihrem Ziel zu nehmen.

Die U-Bahnlinien die zum "Jardim Oceânico" fährt, fährt durch die gesamte Süd-Zone, sodass Sie sowohl die Innenstadt als auch Lapa mit denselben Linien erreichen können. Genaue Informationen zu den Bahnhöfen, U-Bahnstationen und Stadtplänen, sowie Fahrpläne mit aktuellen Abfahrtszeiten finden Sie auf metrorio.com.br oder in der offiziellen App "Giro MetrôRio".

Lapa: Um nach Lapa zu gelangen, ist die nächstgelegene U-Bahnstation "Cinelândia", die Sie mit der L1 und L2 erreichen können. Es wird dort jedoch empfohlen, Fahrten nach 21:00 Uhr zu meiden. Danach ist die Straße nämlich weniger befahren und es kann gefährlich sein, sich dort allein aufzuhalten. Auch hier gilt, dass Sie immer ein Uber oder ein Taxi nehmen können, besonders wenn Sie mit Freunden unterwegs sind, ist das eine besonders kostengünstige Alternative.

Ipanema: Für das Viertel Ipanema gibt es zwei Linien, mit denen Sie dorthin und auch wieder zurückfahren können. Nehmen Sie die Linie L1 dorthin, wo Sie zum Beispiel an der Station "General Osório" aussteigen können oder Sie fahren mit der L4 und steigen an der Station "Nossa Senhora da Paz" aus. Beide Stationen befinden sich an belebten, zentralen Plätzen, sodass man auch spät unbesorgt damit fahren kann.

Copacabana: Wollen Sie in das Viertel Copacabana, so nehmen Sie die L1 und haben an vier Stationen die Möglichkeit auszusteigen. Die erste Station ist "Cardeal Arcoverde", die sich direkt am Anfang des Viertels befindet. Die nächste Station ist "Siqueira Campos", von der aus Sie direkt zum Copacabana-Strand gelangen, ebenso über die Station "Cantagalo". Die vierte Station, an der Sie aussteigen können, ist die Station "General Osório". Verwenden Sie dort den Ausgang D, so kommen Sie ebenso direkt am Strand der Copacabana aus. Über alle anderen Ausgänge der Station "General Osório" gelangen Sie bereits in das Viertel Ipanema.

Barra da Tijuca: Um nach Barra da Tijuca zu gelangen, fahren Sie mit der U-Bahn bis zur Endstation "Jardim Oceânico" (L4), weil es viel weiter entfernt ist als die anderen Viertel. Von da aus müssen Sie noch ein Stück weit der Hauptstraße folgen. Auch hier kann es, gerade im Dunkeln, hilfreich sein ein Uber oder Taxi zu nehmen.

Botafogo: Sie können ganz einfach die L1 oder L2 nehmen und an der gleichnamigen Station "Bairro Botafogo" aussteigen. Welcher Ausgang dabei für Sie am besten ist, hängt dabei immer von Ihrem genauen Ziel ab.

Leblon: Um nach Leblon zu gelangen nehmen Sie ganz einfach die L4. Sie können an der Station "Jardim de Alah" und allen nachfolgenden Stationen aussteigen.

KOSTEN FÜR EINE PARTYNACHT IN RIO

Wie viel Geld Sie mitnehmen und einplanen sollten, hängt stark vom Viertel und der Art der Party ab, die Sie besuchen. In der Regel haben die Bars gute und günstigere nationale Biersorten, neben den sehr empfehlenswerten Caipirinha-Angeboten.

Der Eintritt, den Sie in Clubs bezahlen, kann nach Club, Veranstaltung, Wochentag und sogar Geschlecht variieren. Im Allgemeinen berechnen Bars mit Live-Musik zwischen R$ 20,00 und R$ 30,00 pro Person.

Insider-Tipp: Eine Möglichkeit, um Geld zu sparen, ist die Teilnahme an begleiteten Kneipentouren, da die Eintritte der Orte in der Reiseroute bereits in den Kosten der Tour enthalten sind und Ihnen zudem eine gewisse Sicherheit inklusive jemandem mit Ortskenntnissen geboten wird.

Hier ein kleiner Überblick, wie viel Sie in welcher Situation ausgeben können/einplanen sollten:

EINE GÜNSTIGE NACHT

Lapa ist eine gute Option für diejenigen, die nicht viel ausgeben möchten, da es dort viele Clubs und Bars gibt, an denen Getränke zu einem sehr günstigen Preis verkauft werden und viele Partys für Frauen kostenlos sind. Sie können in Bars zum Beispiel bei einer Dose Bier mit etwa R$ 6,00 rechnen, Caipirinha von Ständen auf der Straße kostet etwa R$ 5,00 für 300ml, in

Bars werden in der Regel Caipis mit doppelter Dosis Cachaça für R$ 20,00 angeboten. Außerdem wird in einigen Bars kein Eintritt genommen. Sobald Live-Musik angeboten wird, müssen Sie allerdings mit Eintritt rechnen, planen Sie dafür um die R$ 20,00 pro Person ein.

DURCHSCHNITTLICHE NACHT
Die Copacabana gilt als lebhafte Nachbarschaft, die hauptsächlich von Touristen frequentiert wird, weshalb auch die Durchschnittspreise in der Regel höher sind.

Bei 600ml Flaschenbier müssen Sie, je nach Marke, mit R$ 12 pro Flasche rechnen. Long-Neck-Biere kosten zwischen R$ 10,00 und R$ 15,00, auch hier variiert der Preis je nachdem, welche Sorten angeboten werden. Der Preis für Caipirinhas liegt auch hier bei etwa R$ 20,00. Andere Longdrinks und Cocktails kosten aber in der Regel zwischen 25,00 und R$40,00. Die Nachtclubs an der Copacabana verkaufen Eintrittskarten, die je nach Tag und Sehenswürdigkeit zwischen R$ 20,00 und R$ 40,00 pro Person kosten.

EINE KOSTSPIELIGE NACHT

Da Ipanema ein sehr gut besuchtes Viertel mit sehr jungem und lebhaftem Publikum ist, wird es sehr viel für Partybesuche frequentiert. Die Partys, Bars und Clubs in Ipanema kosten allerdings auch deutlich mehr als in den schon genannten Stadtteilen. In Bars kosten Long Neck Biere zwischen R$ 15,00 – 18,00, in Clubs kosten Biere normalerweise zwischen R$ 15,00 und R$ 20,00. Einige Lokale bieten auch hier, außer an Wochenenden und Feiertagen, doppelt dosierte Caipirinhas an. Der Durchschnittspreis einer Caipirinha beträgt auch hier um die R$ 20.

Im Allgemeinen haben die Bars und Clubs im Stadtteil Ipanema einen etwas nobleren Stil, sodass andere alkoholische Getränke deutlich mehr kosten als an anderen Orten, und zwar von R$ 30,00 bis hin zu R$ 50,00. Einige Bars in der Nachbarschaft erheben keine Eintrittsgebühr, sondern stattdessen einen Mindestverzehr in Höhe von etwa R$ 40,00.

Nachtclubs in Ipanema sind relativ teuer, da sie in der Regel von bekannten und renommierten DJs begleitet werden. Je nach Tag und Künstler müssen Sie mit R$ 80,00 aufwärts pro Person rechnen.

Für Sportskanonen

Rio bietet nicht nur denen, die auf der Suche nach Partys und Festen sind ein breites Angebot, sondern auch all denjenigen, die sich lieber aktiv betätigen und ein sportliches Programm an den Tag legen wollen. Sie wollen etwas Neues ausprobieren oder ihrem Lieblingssport auch im Urlaub nachgehen? Sie wollen sich einmal extremeren Sportarten widmen? Rio bietet Ihnen mit Sicherheit, was Sie suchen!

Sie finden hier einen kleinen Überblick über

interessante Sportarten, die in Rio angeboten werden. Zu jeder Sportart folgen die FAQ, damit die grundsätzlichen Fragen beantwortet sind. Dabei kann es jedoch manchmal der Fall sein, dass Details vom Anbieter abhängen. Die FAQs sind eine gute Möglichkeit, grundsätzliche Fragen beantwortet zu bekommen, dennoch sollten Sie ihre konkreten Fragen gegebenenfalls noch einmal mit dem Anbieter Ihrer Wahl absprechen.

PARAGLIDING

Rio de Janeiro gehört zu den besten Orten der Welt für Paragliding. Starten Sie an der Rampe Pedra Bonita im Tijuca Forest National Park in 510 m Höhe. Fliegen Sie über den Tijuca-Wald und das Meer und landen Sie am Strand von Pepino in São Conrado. Gleitschirmflüge dauern zwischen 5 und 20 Minuten. Für einen begleiteten Paragliding-Flug, also einen Doppelflug mit einem professionellen Paraglider, sind keine Vorkenntnisse erforderlich. Die einzige

Anforderung des brasilianischen Freiflugver-
bandes ist, dass das Gewicht des Passagiers
beim Paragliding 140 kg nicht überschreitet.

Sie müssen für Paragliding etwa zwei Stunden einplanen, da Sie noch einer Einweisung un-
terzogen werden und auch die Einstellung des
Equipments seine Zeit braucht. Es ist auf jeden
Fall wichtig, dass Sie leichte, sportliche Kleidung
und vor allem Sportschuhe tragen und ausreichend vor der Sonne geschützt sind. Grundsätzlich ist das Paragliding aber ein Sport, der keiner
großartigen Vorbereitungen bedarf und dementsprechend auch für Anfänger geeignet ist.

FAQ
Gibt es einen Platz für Taschen und Rucksäcke?
Ja, Ihre Sachen werden während des Fluges im
Auto des Piloten sein.

Was passiert, wenn am Tag des reservierten
Fluges das Wetter nicht mitspielt? Sie werden
am Abend zuvor informiert und können die Re-
servierung verschieben oder zurückerhalten.

Was ist das Mindestflugalter?

Sie müssen 16 Jahre alt sein. Jugendliche zwischen 16 und 17 Jahren sollten von einem Erziehungsberechtigten begleitet werden.

Was ist die Gewichtsgrenze?

Sie dürfen für einen Paragliding-Flug ein Gewicht von 140 kg nicht überschreiten.

Kann ich eine GoPro-Kamera mitnehmen?

In der Regel schon. Die Kamera muss jedoch fest an Ihrem Körper angebracht sein.

Wie viel kostet ein Paragliding-Flug?

Sie müssen mit einem Preis von etwa R$ 600 pro Person rechnen. Es kommen möglicherweise je nach Anbieter noch weitere Kosten für einen Shuttle zum Abflugplatz oder ein Video von Ihrem Flug dazu.

HOCHSEILGÄRTEN UND ZIPLINING

Beim Klettern in Hochseilgärten oder auch Baumklettern geht es darum, eine Distanz zwischen zwei Punkten über ein Drahtseil zu überwinden. Dabei gibt es entweder die Möglichkeit, über das Seil zu laufen – das sogenannte Baumklettern – oder an dem Seil befestigt zu werden und daran eine abfallende Strecke "herunterzugleiten", was Ziplining genannt wird. Baumklettern ist eine neue Form des Abenteuersports, die man auch in Deutschland ausüben kann. Allerdings eignen sich auch die Baumkronen von Rio perfekt dafür und bieten eine unvergleichbare, tropische Atmosphäre! Hochseilgärten in Rio punkten nicht nur mit dieser besonderen Atmosphäre, sondern auch dadurch, dass Sie Ausblicke auf verschiedenste Sehenswürdigkeiten Rios bekommen, aus einer einzigartigen Perspektive!

FAQ

Wie viel Zeit muss ich für Ziplining und Klettern einplanen?

Sie sollten etwa drei Stunden einplanen, je nach Größe des Hochseilgartens kann die Dauer jedoch variieren.

Braucht man Vorkenntnisse?

Vorkenntnisse sind keine notwendig, Sie sollten jedoch keine Höhenangst haben. Ansonsten ist auch dieser Sport für Anfänger geeignet.

Wie bin ich gesichert?

Während des Kletterns sind Sie die ganze Zeit mit Sicherheitsleinen an einem Drahtseil befestigt. Keine Angst, selbst wenn Sie abrutschen, Sie sind immer abgesichert!

Wie viel kostet ein Besuch im Hochseilgarten?

Sie müssen mit etwa R$ 300,00 rechnen.

Insider-Tipp: Auf Nachfrage bieten einige Anbieter einen Gruppenrabatt an, wenn Sie sich mit vier oder mehr Personen anmelden.

TAUCHEN

Was halten Sie davon, Ihren ersten Tauchgang zu wagen? Oder sind Sie schon ein erfahrener Taucher? In beiden Fällen sind Sie in Rio an der richtigen Adresse. Wenn Sie bereits ein zertifizierter Taucher sind, können Sie verschiedenste Tauchgänge machen, zum Beispiel mit einem einheimischen zertifizierten Taucher, der Ihnen die Umgebung und die besten Spots zeigt, Sie haben aber auch die Möglichkeit sich alleine zu trauen und auf Erkundungstour unter Wasser zu gehen. Handelt es sich um Ihr erstes Mal, so werden Sie während des Tauchgangs von einem Tauchlehrer begleitet, der Ihnen die besten Höhlen, verschiedene Fischarten und die notwendige Pflege Ihrer Ausrüstung zeigt.

FAQ

<u>Wie viel Zeit muss ich zum Tauchen einplanen?</u>

Da zum Tauchen eine fachspezifische Einweisung, großer Aufwand das benötigte Equipment kennenzulernen, zu justieren und im Anschluss zu reinigen und zusätzlich noch die Fahrt aufs Meer mit eingeplant werden müssen, ist ein ausgiebiger Tauchgang sehr zeitintensiv. Planen Sie neun Stunden ein, die Sie für dieses faszinierende Erlebnis brauchen.

<u>Wie viel kostet ein Tauchgang?</u>

Der Preis variiert stark, je nachdem welchen Anbieter Sie nutzen, wie lange Sie tauchen wollen und ob Sie Anfänger oder schon Fortgeschrittener sind. Der Preis für einen Anfänger liegt in der Regel bei etwa R$ 500,00 – R$ 600,00. Auch hier kann es manchmal die Möglichkeit geben, einen Gruppenrabatt zu bekommen, wenn Sie mit mehreren Leuten teilnehmen.

FELSKLETTERN

Rio de Janeiro gilt als einer der interessantesten Orte der Welt zum Klettern, da die Stadt eine große Vielfalt an Kletterrouten in den Parks Urca, Floresta da Tijuca und Serra dos Órgãos hat.

Wie wäre es mit einer der vielen Kletterrouten in der Stadt? Wir haben zwei fantastische Kletterrouten für Sie zum Ausprobieren ausgewählt. Sehen Sie, was Sie erlebt haben, welche Art von Klettern Sie gewohnt sind und wählen Sie die richtige Kletterroute für Sie aus! Zwei ausgewählte Kletterrouten sind zum Beispiel die Routen Via Coringa oder die Via dos Italianos.

VIA CORINGA

Die Via Coringa ist für unerfahrene Kletterer, die Lust haben schnell und viel zu lernen und fortgeschrittene Kletterer geeignet und bietet Nervenkitzel und Abenteuer! Die ganze Strecke über werden Sie eine atemberaubende Aussicht auf die Berge und den Ozean haben. Am Ende der Strecke angekommen, können Sie über andere Pfade den Berggipfel erklimmen ...

VIA DOS ITALIANOS

Es gibt verschiedene Möglichkeiten, um zum Zuckerhut zu gelangen und dieses erstaunliche Denkmal zu sehen! Sie könnten zum Beispiel die Via dos Italianos hochklettern, eine Felswand, die sich an der Westwand des Berges befindet. Da Sie direkt über den Straßen Rios klettern, erhalten Sie auf dieser Route definitiv einen privilegierten Blick auf die wunderbare Stadt Rio.

Da diese Strecke deutlich länger ist als die Via Coringa, sind ausreichend Kondition und vielseitige sportliche Erfahrungen ein Muss. Der Wanderweg zum Beginn der Felswand dauert durchschnittlich 40 Minuten, der Aufstieg selbst, je nach Klettererfahrung, etwa 3 Stunden. Zurück kommen Sie jedoch ganz einfach mit der Seilbahn des Zuckerhuts.

FAQ

Welche Ausrüstung muss ich mir anschaffen?

Tragen Sie sportliche Klamotten, festes Schuhwerk und haben Sie ausreichend Sonnenschutz und Wasser dabei! Die explizite Kletterausrüstung wird von Ihrem Anbieter gestellt, haben Sie eigene Ausrüstung, mit der Sie vertraut sind, bringen Sie diese jedoch auch gerne mit.

Wie lange dauert der Aufstieg?

Der zeitliche Aufwand ist extrem abhängig von Strecke und Grad Ihrer Erfahrung, da Sie jedoch in der Regel mehrere Stunden einplanen müssen und der Aufstieg viel Energie kostet, ist das Felsklettern eine tagesfüllende Aktivität, neben der Sie grundsätzlich keine weiteren großen Pläne brauchen.

Wie viel kostet eine Klettertour?

Auch hier gibt es grundsätzlich Unterschiede. Die begleiteten Touren beginnen bei etwa R$300,00 bis hin zu R$ 500,00.

FÜR SEGELN

diejenigen, die Sonne, Salzwasser, Spaß, Freiheit und Abenteuer lieben, ist Segeln das perfekte Erlebnis!

Folgende Strände sind optimal, um dort entlang zu Segeln und die Stadt mit ihren Stränden aus einer anderen Perspektive zu entdecken: Praia do Flamengo; Praia da Urca; Forte São João; Forte da Lage; Forte Santa Cruz; Praia Vermelha; Praia do Leme bis hin zur Copacabana: Das perfekte Ziel um ein abschließendes, erfrischendes Bad zu nehmen.

Egal, ob Sie aktiv segeln oder einfach auf dem Segelboot entspannen wollen, während Sie die verschiedensten Strände ansehen, Segeln in Rio ist eine Attraktion für jeden!

FAQ

<u>Wie viel Zeit muss ich einplanen?</u>

Wie lange Sie für die Tour brauchen, liegt ganz daran, wie viel Zeit Sie an den einzelnen Stränden und Buchten verbringen wollen. Vier

Stunden können es dabei aber schon mal leicht werden.

Wie viel kostet ein Ausflug mit dem Segelboot?
Sie sollten mit etwa R$400,00 pro Person rechnen. Fragen Sie beim Anbieter Ihrer Wahl nach einem Gruppenrabatt, wenn Sie mit vier oder mehr Personen segeln wollen.

Für Kultivierte

Rio de Janeiro erfreut sich weltweiter Beliebtheit durch ihre atemberaubenden Landschaften und natürliche Schönheit und ist einer der besten Orte, um exotisch-kulturelle Sehenswürdigkeiten zu entdecken. Es werden Ihnen dort verschiedenste Attraktionen geboten, die Ihnen gefallen könnten. Für jedes Alter, jeden Geschmack und jeden Geldbeutel ist etwas dabei.

Machen Sie sich hier einen groben Überblick über die interessantesten und beliebtesten

Sehenswürdigkeiten dieser wunderbaren Stadt und verstehen Sie, wieso genau Rio im Laufe der letzten Jahrzehnte immer mehr zu einem Touristenliebling geworden ist.

CRISTO REDENTOR

Das Vorzeigedenkmal schlechthin und Wahrzeichen der Stadt ist die monumentale Art-Déco Statue "Cristo Redentor", was auf Deutsch so viel bedeutet wie "Christus der Erlöser". Sie ist nicht nur das meistverwendete Postkartenmotiv der Stadt, sondern definitiv auch das beliebteste und begehrteste Touristenziel in Rio de Janeiro.

Das 1931 auf dem Gipfel des Corcovado-Hügels eröffnete Monument ist, inklusive des Sockels, in dem sich eine Kapelle befindet, 38 Meter hoch und wurde aufgrund seines atemberaubenden Panoramablicks, der einen außergewöhnlichen und spektakulären Blick auf die Stadt garantiert, zu einem der neuen Weltwunder ernannt. Ihre Entwürfe stammen vom brasilianischen Bauingenieur Heitor da Silva Costa und dem französischen Ingenieur Albert Caquot, wobei einzelne Teile, wie zum Beispiel die Hände und der Kopf, nach Gipsmodellen des französisch-polnischen Bildhauers Paul Landowski entwickelt wurden.

Ursprünglich sollte die Statue zu Ehren der 100-jährigen Unabhängigkeit Brasiliens erbaut werden. Aufgrund starker finanzieller Probleme verschob sich die Fertigstellung der Statue jedoch um nahezu 10 Jahre.

Im Jahre 2006, zum 75. Jahrestag des Denkmals, wurde dieses sogar zum Wallfahrtsort ernannt.

PÃO DE AÇÚCAR

Der Zuckerhut, der sich 400 Meter über dem Meeresspiegel auf der Halbinsel Urca befindet, kann als der zweitbeliebteste Touristen-Hotspot der Stadt angesehen werden. Wollen Sie den Berg nicht hochklettern oder hochwandern, so können Sie ganz einfach mit einer Seilbahn hochfahren, in der Sie die atemberaubende Landschaft um sich herum bestaunen können. Zusammen mit den Bergen Morro da Urca und dem Morro da Babilônia bildet der Pão de Açúcar die gleichnamige Hügelgruppe "Pão de Açúcar".

Die Seilbahn hat zwei Stationen, die erste am berühmten "Morro da Urca", wo Sie die Bucht von Guanabara und die Bucht von Bota-fogo ansehen können. Auch hier bekommen Sie schon einen großartigen Blick auf Rio und es ist etwas ruhiger und weniger belaufen als an der zweiten Station. Bei der zweiten Station haben Sie dafür eine noch größere Panoramaaussicht auf den größten Teil der Süd-Zone Rios. "Pão de Açúcar" bedeutet nicht, wie es naheliegend wäre, "Zuckerhut", sondern kann wörtlich über-setzt werden als "Zuckerbrot". Der Name spielt an auf den Transport von Rohrzucker, der im 16. Jahrhundert existentiell für Brasiliens Wirt-schaft war. Für den Transport wurde der Rohr-zucker in Formen gepresst, die umgangssprachlich als Zuckerbrot betitelt wurde. Da diese Zuckerblöcke ebenfalls der Form des Felsens glichen, bekam auch der Felsen den Namen "Zuckerbrot".

SANTA TERESA

Santa Teresa ist eine der beliebtesten Viertel für Touristen und perfekt, um einen wunderbaren Nachmittag in der Stadt zu verbringen. Das Viertel hat nicht nur eine wunderschöne Aussicht, sondern ist aufgrund seiner Lage auf einem Berggipfel auch ein Hinweis auf das „alte Rio de Janeiro" mit seiner idyllischen Atmosphäre, viel Kultur und den Seilbahnen – seinem Markenzeichen.

Darüber hinaus ist Santa Teresa bekannt für die starke Präsenz von Intellektuellen, Künstlern und Wissenschaftlern, die aus historischen und kulturellen Gründen dort sind, zum Beispiel um traditionelle Werkstätten zu besuchen.

Ein Highlight und beliebtes Fotomotiv des Viertels ist die "Escadaria Selarón", eine bildschöne Fliesentreppe des chilenischen Künstlers Jorge Selarón. Lassen Sie sich einen Blick auf dieses Kunstwerk bloß nicht entgehen! Auch die Geschichte zu dieser Treppe ist sehr wissenswert! Selarón wohnte in den 90er-Jahren an ebendieser Treppe und begann Stück für Stück zerbrochene Fliesen zu ersetzen. Trotz verächtlicher Sprüche und Meinungen seiner Nachbarn und Bekannten hörte er nicht auf und arbeitete neben seiner Haupttätigkeit, dem Malen, an ebendieser Treppe, die schon bald nicht mehr einfach eine Nebentätigkeit, sondern seine große Leidenschaft wurde. Ganze 23 Jahre arbeitete Selarón an der Treppe, bis sie vollkommen aus seinen grünen, blauen und gelben Fliesen bestand.

MARACANÃ-STADION

Das Maracanã-Stadion kennenzulernen, ist praktisch ein Muss in der Stadt, besonders wenn Sie ein Fußballfan sind. Nach langer Renovierung wurde es im April 2013 wiedereröffnet und hat sich zu einem kulturellen und touristischen Ziel entwickelt, das Besucher auch an Tagen willkommen heißt, an denen keine Spiele oder Shows stattfinden.

Sie können eine geführte Tour buchen, bei der Sie das Stadion genauestens kennenlernen: Den Rasen, die Tribünen, die Umkleidekabine, den Presseraum, die Hall of Fame – wo sich die Fußabdrücke berühmter Spieler befinden – sowie das Fußballmuseum.

Das Stadion wurde aus den Zuschüssen für die Fußballweltmeisterschaft 1950 gebaut, geplant von sieben brasilianischen Architekten. Zwar war das Stadion zur Weltmeisterschaft noch nicht komplett fertig, dennoch durften schon während der WM, trotz fehlender Sanitäranlagen und Pressetribüne, Spiele darin ausgetragen werden.

Gerade für alle Fußballbegeisterten unter Ihnen darf ein Besuch in einem der berühmtesten Stadien der Welt nicht fehlen!

FLORESTA DA TIJUCA

Die Floresta da Tijuca, also der „Tijuca-National-park", ist eines der größten städtischen Waldgebiete der Welt und bietet ein großartiges Programm für alle, die nach Outdoor-Aktivitäten suchen. Der Wald ist perfekt zum Wandern geeignet, da er gezeichnet ist von Naturlehrpfaden mit einer eindrucksvollen Landschaft. Neben den Pfaden, die Sie automatisch zu den höchsten Punkten des Gebiets führen, finden Sie auch Höhlen, Wasserfälle, Flüsse, Seen, einfach die idealen Orte, um sich auszuruhen oder ein Picknick zu machen und zu vergessen, dass man sich inmitten einer der lebhaftesten Metropolen weltweit befindet.

TEATRO MUNICIPAL

Das in der Cinelândia-Region im Zentrum von Rio de Janeiro gelegene Stadttheater ist in Anlehnung an die Pariser Oper gebaut worden. Das Theater wurde ab 1905 erbaut,1909 eingeweiht und wirkt durch Marmorsäulen und Treppen, sowie mehrere aus Europa importierte bedeutende Skulpturen, besonders prunkvoll. Durch die Restaurierung im Jahr 2009 wurde das Theater optisch noch ästhetischer und faszinierender und gilt mittlerweile mit 2361 Sitzplätzen als einer der größten Veranstaltungsorte in Brasilien.

Der Grund zum Bau eines neuen Theaters war die immer größer werdende Relevanz von darstellenden Künsten im 19. Jahrhundert. Zwar hatte Rio zu der Zeit schon zwei Theater, das Lyrik-Theater und das St. Peter Theater, welche jedoch zunehmend für ihre einfache Ausstattung kritisiert wurden, sodass der Dramatiker Arthur Azevedo sich 1894 für den Bau eines neuen Theaters einsetzte. Die von ihm gestartete Kampagne führte jedoch zunächst einmal lediglich zu einer Steuer, die zur Beschaffung der Baugelder dienen sollte. Der tatsächliche Bau begann erst zu Beginn des 20. Jahrhunderts und war nach viereinhalb Jahren abgeschlossen.

BOTANISCHER GARTEN

Der botanische Garten Rios wurde 1808 von Dom João VI. angelegt und ist mit über 40.000 Pflanzen, beziehungsweise 6.500 verschiedenen Arten, eine der schönsten Grünflächen in Rio de Janeiro. Zu den Highlights zählen der wunderschöne Rosengarten, ein See mit Amazonas-Riesenseerosen sowie das Gewächshaus mit fleischfressenden Pflanzen und der berühmte Orchideengarten.

Das Gelände beherbergt auch einen Sinnesgarten, der speziell für Sehbehinderte angelegt wurde und neben Beschreibungen in Blindenschrift auch Pflanzen, die angefasst werden dürfen und sollen, enthält. Brauchen Sie zwischendurch ein wenig Abstand zum Großstadttreiben, so haben Sie hier die Möglichkeit dazu. Ein einzigartiger Ort zum Entspannen und Verzaubern!

FORTE DE COPACABANA

Die Copacabana-Festung wurde im frühen 20. Jahrhundert als Militärgebiet errichtet, um zu verhindern, dass feindliche Schiffe in die Guanabara-Bucht eindringen können. Sie befindet sich direkt an einem Felsabgrund am Meer.

Heutzutage ist die Festung ein ausgezeichneter Touristenort, dem das Museu Histórico do Exército, also das historische Museum der Militärgeschichte, innewohnt. Zusätzlich zum historischen Aspekt bietet der Ort einen wunderschönen Blick auf den Copacabana-Strand.

Das Museum wurde 1922 gegründet und ist in drei verschiedenen Gebäuden untergebracht: dem Eisenbahnhaus von 1762, der königlichen Waffenkammer von 1822 und dem Anbau der Kaserne von 1835. Insgesamt nimmt es eine

Fläche von 18 Tausend Quadratmetern ein.

MUSEU HISTÓRICO NACIONAL

Eines der wertvollsten Museen des Landes ist das Museu Histórico Nacional, das mehr als 287.000 Ausstellungsstücke besitzt, die die Geschichte Brasiliens erzählen – von der Entdeckung bis zur Republik. In der Sammlung befinden sich Dokumente, Waffen, Gemälde, Möbel, Sammlungen von Banknoten und Münzen sowie Kutschen. Es wurde 1922 gegründet und befindet sich in drei separaten Gebäudekomplexen und umfasst insgesamt 18000 m² Ausstellungsfläche.

Für alle Geschichtsinteressierten, die die genaue Entstehung und Entwicklung Brasiliens hautnah erleben wollen, ist das Museu Histórico Nacional die richtige Anlaufstelle. Wichtig ist hierbei, dass dieses Museum leicht verwechselt wird mit dem Museu Nacional, das ebenfalls wertvolle Exponate beherbergte, jedoch ist dieses bei einem Feuer am 02. September 2018 bei einem Brand zerstört worden.

SAMBÓDROMO

Das Sambadrom ist das Zuhause des traditionellen 700 Quadratmeter großen Samba-Laufstegs, der 1984 eröffnet wurde und das ganze Jahr über von Touristen und Einheimischen besucht wird. Gerade zur Karnevalszeit finden hier die Tanzauftritte und Paraden der Sambaschulen statt, bei dem Sambatänzer jeden Alters und Geschlechts in knappen, farbenfrohen Kostümen lebensfroh durch die Menge tanzen und pure Leidenschaft und Lebensfreude ausstrahlen. Im Sambódromo werden Ihre Erwartungen an den typisch brasilianischen Karneval definitiv übertroffen!

Einfach mal entspannen

Neben all den Aktivitäten und Sehenswürdigkeiten, die Rio zu bieten hat, darf natürlich eines nicht zu kurz kommen: Am Strand zu entspannen!

Rio hat eine Fülle von paradiesischen Stränden mit weichem Sand, blauem Meer und perfekter Natur. Aus diesem Grund ist es nicht einfach, auszusuchen, welchen Strand Sie zuerst besuchen möchten und welcher Strand am besten zu Ihren Vorlieben passt.

PRAIA DA IPANEMA

Wenn Sie einen Strand in einem zentraleren Teil von Rio de Janeiro besuchen möchten, ist der Ipanema Beach ein kleiner, aber sehr populärer und belebter Strand, den Sie in Erwägung ziehen sollten. Haben Sie Interesse daran, viele junge Leute zu treffen und neue Kontakte zu schließen, kann Ihnen Ipanema Beach nur wärmstens ans Herz gelegt werden. Das Publikum des Ipanema Beach gilt als besonders heterogen, es treffen sich dort Menschen aller Nationalitäten, Einheimische, Touristen, Menschen jeden Alters und auch die LGBT-Szene ist an diesem Strand stark vertreten. Gerade durch diese Diversität ist der Strand immer gut besucht und auch ein beliebter Punkt für Straßenverkäufer, die Ihnen Souvenirs und brasilianische Leckereien verkaufen wollen.

Insider-Tipp: Ein Highlight, um einen

perfekten Strandtag abzuschließen ist es, den Sonnenuntergang vom nahegelegenen Arpoador-Felsen aus anzusehen. Traditionell wird nach Untergang der Sonne geklatscht. Wollen Sie den Sonnenuntergang hier beobachten, vergessen Sie nicht, dass die Sonne in Brasilien schon deutlich früher untergeht als in Europa, nämlich gegen 17:30. Seien Sie also früh genug da, um dieses Spektakel nicht zu verpassen!

PRAINHA

Der Strand "Prainha" (deutsch: "kleiner Strand") befindet sich in einem Naturschutzgebiet und ist durch seine Länge von nur 150 Metern, sowie der begrenzten Infrastruktur ein weniger kommerzieller, sondern ein kleiner, süßer Happy-Place.

Sollten Sie diesen Strand besuchen wollen, so sollten Sie im Voraus mit einigen Grundsätzen vertraut sein. Aufgrund der Größe und des Naturschutz-Aspektes ist die Besucherzahl, beziehungsweise die Anzahl der Fahrzeuge, die zum Strand fahren dürfen, begrenzt. Grundsätzlich wird nur 200 Fahrzeugen die Zufahrt gewährt. Wenn Sie auf anderem Wege zu dem Strand gelangen, beispielsweise durch öffentliche Verkehrsmittel und einen Fußweg, steht Ihrem Besuch aber in der Hinsicht nichts entgegen.

Die Prainha ist für viele Wassersportfans ein beliebter Strand. Von der Praia de Grumari bis zur Prainha ist das Meer sehr bewegt und ist dementsprechend perfekt für Surfer, Bodyboarder, Longboarder und Bodysurfer.

Besuchen Sie die Prainha, so sollten Sie auf keinen Fall eine Mahlzeit im Restaurante Mirante, wo es sensationelle, frische Meeresfrüchte gibt. Besuchen Sie die Prainha persönlich und finden Sie selbst heraus, warum sie als einer der schönsten Strände in Rio de Janeiro gilt.

PRAIA DE GRUMARI

Natürliche Schönheit, entspannende Wellen und absolute Ruhe: Das sind nur ein paar der Vorzüge des Strandes von Grumari. Der Strand, der im selben Umweltschutzgebiet wie die Prainha liegt, ist durch seine Länge von drei Kilometern deutlich länger, aber genauso schön! Sie können hier, umgeben von Klippen und grünen Hügeln, direkt neben einem Wald die Sonne genießen und das wunderbar klare, blaue Meer bestaunen.

Dadurch, dass der Strand innerhalb eines Umweltschutzgebietes liegt, ist er deutlich weniger besucht als andere populäre Strände, sodass Sie hier garantiert die nötige Ruhe im Urlaubsstress finden. Besonders interessant für einige Touristen mag der FKK-Abschnitt sein. Da FKK-Strände in Brasilien kein geläufiges Phänomen sind, ist der ein Kilometer lange Strandabschnitt für einige bestimmt ein Grund, sich gerade für diesen Strand zu entscheiden.

Am Wochenende ist der Strand nicht nur ein

beliebtes Ziel für all diejenigen, die dort relaxen wollen, sondern wird geradezu zu einem Surfer-Paradies! Die Wellen werden hier bis zu drei Meter hoch und bieten demnach sowohl Anfängern als auch Fortgeschrittenen eine Menge Spaß.

Wenn Sie Wanderwege mögen, können Sie hier viel erkunden. Der Stadtpark Grumari ist dienstags bis sonntags von 8 bis 17 Uhr geöffnet. Sie können den über 800 Hektar großen Park sowohl allein als auch in einer Gruppe erkunden.

COPACABANA

Es ist praktisch unmöglich, über die Stadt Rio de Janeiro zu sprechen und diesen Strand nicht zu erwähnen: die Copacabana. Man lügt nicht, wenn man sagt, dass dies der bekannteste Strand der Hauptstadt ist, denn er ist festgehalten in traditionellen brasilianischen Liedern, Gedichten und Kunstwerken und vor allem auch auf Postkarten. Das berühmte Wellenmotiv der

Promenade an der Copacabana ist auch für viele, die noch nie in Rio waren, ein bekanntes Bild. Diese Promenade ist eine der relevantesten und bekanntesten historischen Sehenswürdigkeiten von Rio, die Sie definitiv gesehen haben sollten!

Dennoch ist der Strand durch seine Popularität häufig sehr überfüllt. Er ist perfekt für einen schnellen Strandbesuch, da er so zentral gelegen ist und ein gutes Ziel für kontaktfreudige Menschen, die auch am Strand gerne aktiv sind. Darüber hinaus vereint die Copacabana mehrere Hotels, Bars, Restaurants und die traditionellen Kioske am Wasser. Er beherbergt auch die Copacabana-Festung, falls Sie ein wenig Abwechslung während des Strandbesuches genießen wollen.

PRAIA DE LEBLON

Das Viertel Leblon gilt als eines der reichsten in Rio. Der Strand in Leblon bietet Ihnen eine privilegierte Aussicht auf die Morro Dois Irmãos, auf Deutsch "Zwei Brüder-Felsen". Besonders innerhalb der Woche ist dieser Strand, gerade verglichen mit der Copacabana, sehr ruhig. Es gibt hier nur wenige Kioske und Straßenverkäufer, der Strand ist eher für diejenigen ausgelegt, die die Sonne genießen wollen und sich einfach rundum wohlfühlen möchten, während sie ungestört entspannen.

Wenn Sie gerne im Sand toben und Sport machen, finden Sie hier am Leblon-Strand mit Sicherheit jemanden, der sich zu Ihnen gesellt. Sie finden hier Volleyballnetze und Fußballfelder, die fast nie unbenutzt sind. Brasilianer sind sehr offen und kontaktfreudig, gesellen Sie sich einfach dazu und spielen Sie mit!

PRAINHA DO VIDIGAL

Bis vor Kurzem hatte das Strandstück am Fuße des Morro Dois Irmãos keinen offiziellen Namen und wurde hauptsächlich von Bewohnern und Touristen besucht, die auf dem Rückweg den Hügel herunterkamen und sich im Meer erfrischen wollten. Der kleine, nur 500 Meter lange

Sandstreifen ist nur an Tagen mit Ebbe "auffind-bar", was daran liegt, dass sich der Strand zwischen zwei Hügeln befindet, die es dem Meer nicht erlauben, an Hochwassertagen "abzulaufen".

Es lohnt sich zweifellos, diese von Touristen wenig erkundete Ecke zu kennen und ihr einen Besuch abzustatten, zum Beispiel ganz traditionell nach einer Wanderung auf den Morro Dois Irmãos.

Natürlich hat Rio noch viel mehr Strände zu bieten als diese kleine Auswahl, die Sie hier finden. Dennoch ist diese Liste ein guter Anfang, sich einen Überblick in dieser zahllosen Auswahl zu schaffen, um herauszufinden, welcher Ihr persönlicher Favorit ist!

Für Hungrige

D as Wichtigste am Urlaub ist doch, die Kultur des Urlaubslandes ein wenig näher kennenzulernen. Und wie kann man das am einfachsten tun? Richtig! Probieren Sie doch mal ein traditionelles, brasilianisches Restaurant und überzeugen Sie sich von der brasilianischen Küche. In Brasilien wird gut und gerne gegessen, die Mahlzeiten sind dabei häufig üppig und deftig und auch für zwischendurch gibt es großartige, traditionelle Snacks. Ein leerer Magen wird also wohl an keinem Punkt Ihres

Urlaubs ein Problem sein.

RODÍZIO – BUFFET MAL ANDERS

Eine Churrascaria ist ein typisch brasilianisches Restaurant, in dem, wie könnte es anders sein, hauptsächlich gegrilltes Fleisch (brasilianisch "Churrasco") serviert wird. Häufig funktioniert dies nicht, wie Sie es kennen, à la carte oder als Buffet, sondern nach einem brasilianischen Prinzip, das sich "Rodízio" nennt. Der Name leitet sich vom lateinischen Wort für "Kreislauf" – rota – ab und beschreibt grundsätzlich schon, wie Sie sich den Besuch in einer Churrascaria vorstellen müssen. Anstatt zum Buffet zu gehen, kommt das Essen zu Ihnen an den Tisch. Kellner gehen mit riesigen Fleischspießen, die frisch aus dem Feuer kommen, von Tisch zu Tisch und wieder zurück zum Grill. An Ihrem Tisch angekommen entscheiden Sie, ob und wie viel Sie von dem jeweiligen Fleisch essen möchten. Beilagen gibt es entweder am Buffet oder nach dem gleichen Prinzip.

Wichtig: Gehen Sie zu einer Churrascaria, so sollten Sie sehr viel Hunger und Zeit mitbringen. Das Rodízio funktioniert als ein All-you-can-eat und ist ein wahres Erlebnis. Häufig wird abends auch noch Livemusik gespielt, sodass die Atmosphäre rundum stimmig ist und Ihren ganzen Abend füllen kann. Gute Churrascarias finden Sie im Prinzip überall in Rio, besonders zu empfehlen und hervorzuheben durch Qualität sind jedoch folgende:

Fogo de Chão

Das preisgekrönte Restaurant finden Sie sogar gleich zweimal innerhalb Rios. Die Preise für ein Rodízio variieren dabei minimal, abhängig von der Filiale, die Sie besuchen. Eines der Lokale befindet sich in Botafogo, ein Rodízio kostet dort für eine erwachsene Person R$ 126,00. Das zweite Lokal befindet sich in Barra und bietet das Rodízio für einen minimal geringeren Preis von R$ 115,00 an.

Fogo de Chão ist über die Jahre so populär geworden, dass es dutzende Außenstandorte in ganz Brasilien und sogar in den USA eröffnet hat. Das meistkonsumierte Fleisch ist das Rumpsteak (picanha), Flank-Steak (fraldinha), Angus-Beef (bife de ancho) und das Schulters-teak (ombro do boi).

Carretão

Mit dem besten Preis-Leistungs-Verhältnis der Stadt punktet das Carretão, das Ihnen ein Rodízio schon ab R$ 71,00 bietet und neben dem typischen Fleisch auch Meeresfrüchte, Salat, Antipasti, ausgewählte japanische Speisen und andere warme Hauptgerichte bietet. Es ist also die perfekte Option, wenn in Ihrer Gruppe jemand ist, der von der Fleisch-lastigen Kost des Rodízios nicht überzeugt ist, Sie aber dennoch dieses Spektakel nicht verpassen wollen.

Eine weitere Besonderheit in diesem Lokal ist, dass nur mit den traditionellen Rodízio-Spießen zum Tisch gegangen wird, Sie aber die Möglichkeit haben, nach ausgefalleneren Varia-tionen oder besonderen Spießen zu fragen, die Sie in der Karte finden. Der Kellner bringt diese nur auf eigene Nachfrage zu Ihnen.

Die beliebtesten Fleischsorten in diesem Restaurant sind das French-Rack (carré de cordeiro), edles, qualitativ höchstwertiges Rumpsteak (picanha), und Baby-Beef in Knoblauch (Baby Beef no alho).

Obacht: Am Wochenende ist die Schlange vor der Tür des Restaurants groß. Kommen Sie früh genug und verpassen Sie diesen Klassiker nicht!

Churrascaria Palace

Das Restaurant wurde in den 1950er-Jahren gegründet und ist eines der traditionsreichsten an der Copacabana. Die Favoriten, die Ihren Tisch umkreisen, sind das Rinderfilet (costela bovina), ein spezielles Lendenstück (bife de chorizo) und das Tafelspitz (picanha de borboleta). Wenn Sie Glück haben, veranstaltet dieses Restaurant in der Zeit, in der Sie in Rio sind, eines ihrer berüchtigten Gastro-Festivals, bei denen neben dem Churrasco auch Ihre Fisch- und Meeresfrucht-Gerichte in einem wundervollen Ambiente zum Besten gegeben werden. Das Rodízio kostet in diesem Hause R$ 113,35 und bietet als Beilage ein großes Salatbuffet und japanisches Essen.

Insider-Tipp: Rufen Sie die Homepage des Restaurants auf, bevor Sie zahlen. Häufig finden sich dort Rabattcoupons, mit denen Sie 10 % Erlass bekommen.

FEIJÃO E ARROZ – TRADITIONELLE BRASILIANISCHE KÜCHE

Wenn Sie mit Brasilianern über traditionelle deutsche Küche reden, so werden Sie höchstwahrscheinlich gefragt, welches Gericht in Deutschland jeden Tag gegessen wird. Ja, diese Frage mag Sie am Anfang sehr verwirren, bis Ihnen erklärt wird, dass Brasilianer jeden Tag "arroz e feijão", also Reis und Bohneneintopf, essen.

Das Gericht gehört wohl zu den klassischsten und traditionsreichsten und ist nicht nur unglaublich lecker und nahrhaft, sondern ist auch Sinnbild für die Entdeckung Brasiliens. Der Bohneneintopf selbst ist ein Gericht, was schon bei indigenen Völkern gekocht wurde, der Reis hingegen wurde erst mit den Portugiesen nach Brasilien gebracht.

Für Nicht-Brasilianer mag dieser Eintopf zunächst einmal fremd sein, da unterschiedlichste Lebensmittel darin zusammengebracht werden, auch innerhalb Brasiliens gibt es allerdings noch Unterschiede in der Zubereitung.

Während im Süden Brasiliens hauptsächlich weiße Bohnen verwendet werden, werden im Norden schwarze Bohnen zur Zubereitung genommen, weshalb der Eintopf am Ende pechschwarz ist. Lassen Sie sich davon aber nicht abschrecken! Überwinden Sie mögliche Zweifel und lassen Sie sich von dem Geschmack überzeugen! Arroz e feijão finden Sie wohl in jedem brasilianischen Restaurant, sogar in einigen Churrascarias wird Ihnen dieses Gericht als Beilage angeboten, was für Skeptiker eine gute

Möglichkeit ist, es zu probieren!

Insider-Tipp: Sind Sie nicht gewohnt an Bohnen-lastiges, stark gewürztes Essen, so probieren Sie Brasiliens Nationalgericht Nr. 1 besser erst einmal als Beilage. Übertreiben Sie es auch nicht, wenn es Ihnen, was zu erwarten ist, gut schmeckt. Europäische Mägen brauchen manchmal ein wenig Zeit, um sich daran zu gewöhnen. Riskieren Sie keine unnötigen Bauchschmerzen in Ihrem Rio-Urlaub.

SNACKS, ZU DENEN MAN NIEMALS NEIN SAGEN SOLLTE!

In Brasilien ist Essen immer besonders geschmacksintensiv. Süßes ist besonders süß, deftiges besonders deftig und alles einfach besonders lecker! Bei Snacks wird grundsätzlich unterschieden in "Doces", also süßes, oder "Salgados", also salziges. Sie finden diese Snacks in fast allen Kiosks und Bars und auf vielen privaten Festen, einfach die perfekten Snacks für zwischendurch!

SALGADOS

Pão de queijo

Wörtlich übersetzt, ist ein Pão de queijo ein Käsebrötchen. Die kleinen, leckeren Bällchen haben jedoch nichts mit den Käsebrötchen, wie Sie sie aus Deutschland kennen, zu tun. Der Teig besteht aus Polvilho, einer Art Tapiokastärke. Der Käse ist nicht auf den Brötchen, sondern schon in den Teig integriert. Pão de queijo schmecken von jedem Bäcker ein wenig anders, da es diverse Möglichkeiten gibt, die Zubereitung zu variieren, schmeckt aber immer hervorragend. Sie finden Pão de queijos in jeder Bäckerei. Traditionell werden die kleinen Käsebälle in Brasilien zum Kaffee gegessen.

Coxinha

Am Einfachsten lassen sich Coxinhas beschreiben als eine Art Krokette, die gefüllt ist. Eine Coxinha de frango oder de galinha, ist zum Beispiel gefüllt mit Hühnchen und einer leckeren Soße, eine Coxinha de carne moído hat eine

Hackfleischfüllung. Es gibt auch weniger traditionelle Coxinhas, wie zum Beispiel die Coxinha de Pizza, die mit Tomatensoße, Käse und Kochschinken gefüllt ist. Halten Sie einfach die Augen auf, Sie werden leckere Variationen entdecken können! Die Ccoxinha de galinha ist dabei aber immer noch der Klassiker, an dem kein Weg vorbeiführt.

Pastel

Fast überall auf Märkten oder auch am Strand, gibt es Verkäufer, die Ihnen frische Pasteis anbieten. Ganz grob gesagt ist eine Pastel eine große Frühlingsrolle. Der Teig ist dabei derselbe und beide sind frittiert, die Füllung der Pasteis hebt sich allerdings stark von den traditionellen Frühlingsrollen ab. Häufig bekommen Sie Pasteis mit einer Käse- oder Schinken-Käse-Füllung oder mit Hackfleisch. Ein perfekter Snack auf die Hand, aber seien Sie vorsichtig beim ersten Bissen: Die Pastel ist gefüllt mit heißer Luft, die dann austritt. Verbrennen Sie sich nicht die

Lippe, sondern lassen Sie die Leckerei erst abkühlen.

Tapioca

Tapioca sind Pancake-ähnliche, glutenfreie
Snacks, die in Brasilien auch häufig zum Früh-
stück gegessen werden. Sie werden hergestellt
aus speziell verarbeitetem Maniokmehl, das
dann einfach in einer Pfanne erhitzt wird und
dort zu einem Crêpe schmilzt, der nach Belieben
salzig, aber auch süß belegt werden kann. Probieren Sie einfach aus worauf Sie Lust haben.
Egal ob Schinken-Käse, Tomate-Mozzarella,
Nutella, Kondensmilch oder Erdbeeren: Irgend-
eine Variation trifft auch Ihren Geschmack!

DOCES

Brigadeiro

Brigadeiros sind kleine Kugeln, die auf den ersten Blick an Pralinen erinnern. Traditionell bestehen sie aus Kondensmilch und Kakao, es gibt jedoch mittlerweile unendlich viele Variationen, sodass wirklich für jeden etwas dabei ist! Die kleinen, verführerischen Schokoladenbällchen waren ursprünglich als Wahlwerbung für Brigadier Eduardo Gomes hergestellt und verschenkt worden. Brigadier trat 1946 die Präsidentschaftswahl in Rio an, verlor zwar, hinterließ uns aber diese wunderbare Leckerei.

Insider-Tipp: Da Brigadeiro einfach selbst zu machen ist, ist es eine optimale Möglichkeit auch nach Ihrem Urlaub hin und wieder ein Stück Brasiliens zu schmecken. Kochen Sie einfach Kondensmilch auf und geben Sie unter ständigem Rühren einen Esslöffel Margarine und Kakaopulver dazu. Wenn die Masse dickflüssig wird und es schwerer wird zu rühren, gießen Sie die Brigadeiro-Masse in eine Schale und lassen Sie sie im Kühlschrank abkühlen. Sobald die Masse kalt ist, können Sie das fertige Brigadeiro entweder schon löffeln oder daraus kleine Kugeln formen, die Sie dann, je nach Wunsch, noch mit Streuseln, Nusssplittern, Krokant, Kokosraspeln oder wonach auch immer Ihnen ist, verzieren können. Auch ein Hit für jede Party!

Pé-de-moleque

Pé-de-moleque sind kleine Riegel aus karamellisiertem Zucker und Erdnüssen. Ein simples Rezept, mit wahnsinnig intensiven und leckerem Geschmack!

Der Name bedeutet übersetzt "Kinderfuß", die Herkunft des Namens hat aber absolut nichts mit der wörtlichen Übersetzung zu tun! Vermutet wird, dass der Name dieser Leckerei von gierigen Kindern kommt, die Kioske überfallen haben und dabei riefen "Pede, Moleque!", auf Deutsch: "Fordere ihn auf, Kind!", was dann später fälschlicherweise zum Pé-de-Moleque wurde.

Pamonha

Das Wort "Pamonha" wird zwar in einigen Regionen als Schimpfwort verwendet, beschreibt aber auch einen leckeren Snack, dessen Hauptzutat Mais ist. Aus geriebenem Mais, Milch und Zucker wird eine Art Teig gemischt, die dann in Maisblätter gewickelt wird und gekocht wird. Pamonha ist also nicht nur sehr gesund, sondern auch noch eine sehr nachhaltige, frische Stärkung für zwischendurch! Häufig finden Sie am Strand Straßenverkäufer, die Ihnen Pamonha zu einem sehr günstigen Preis verkaufen.

Pudim de leite

Durch das langsame Aufkochen von Milch und Eiern, entsteht ein genialer puddingartiger Schmaus, der sich bis heute weltweit verbreitet hat, aber unvergleichbar zum brasilianischen Original bleibt! Der Pudim ist bedeckt mit glänzendem Karamellsirup und die Konsistenz ist so zart und butterweich, dass Ihr Löffel nur so hindurchgleitet und der Pudim auf Ihrer Zunge zergeht.

Häufig finden Sie Pudim de leite als Nachspeise in Restaurants. Unbedingt probieren!

Die Top 3 Unterkünfte

Neben den besten Vierteln Rios finden Sie hier nun die Top 3 Unterkünfte, bei denen Sie das beste Preis-Leistungs-Verhältnis haben. Wählen Sie eine dieser Unterkünfte, so werden Sie garantiert nicht enttäuscht sein und Ihren Aufenthalt in Rio auf jeden Fall genießen können. Luxuriöse Hotels finden Sie überall innerhalb Rios. Die hier aufgelisteten Unterkünfte sind nicht auf expliziten

Wellnessurlaub abgezielt, sondern vermitteln Ihnen das brasilianische Lebensgefühl durch ihre einfache, aber herzliche Art. Entdecken Sie den ganz besonderen Charme, den diese Unterkünfte haben.

CASA 48

Die Unterkunft "Casa 48" ist eine sogenannte Pousada, ein brasilianisches Gästehaus, das im Vergleich zu Hotels ein wenig rustikaler gehalten ist. Die Casa 48 befindet sich im Stadtteil Santa Tereza, auf einem Berg, der Ihnen eine unfassbare Aussicht auf die Stadt bietet. Sie können morgens auf der Terrasse frühstücken oder beobachten, wie die Sonne hinter dem Pão de Açúcar aufgeht – oder im hauseigenen Swimmingpool entspannen und ein paar Runden ziehen, während Sie die ganze Stadt im Blick haben.

Von der Pousada aus befinden sich sowohl der Strand Botafogo als auch der Strand Flamengo nur 2,2 Kilometer entfernt. Außerdem wird ein Flughafenshuttle angeboten.

Gerade der Preis ist unschlagbar. Sie können ein Doppelzimmer in dieser Unterkunft schon für etwa 35 € bekommen, ein Familienzimmer kostet um die 50 €.

CASA MOSQUITO

Diese wundervolle Boutique-Pension befindet sich im Herzen des Stadtteil Copacabana und bietet einen ganz besonderen, verspielten Charme. Die Pension ist deutlich opulenter als die typisch brasilianischen Pousadas und bietet Ihnen neben verschiedenen Gärten, in denen Sie entspannen können, luxuriöse Suiten und kulinarische, qualitativ unübertroffene Genüsse. Der Koch der Pension hat schon in verschiedensten Sternerestaurants gearbeitet und überzeugt Sie nicht nur mit seinen Gerichten, sondern bietet sogar Workshops an, in denen Sie Tricks und Tipps der brasilianischen Küche erlernen können.

Gerade für Familien bietet das Hotel noch einen besonderen Vorzug. Durch professionelles

Babysitting und Kinderbetreuung wird es in dieser Unterkunft auch kein Problem für Eltern sein, ein wenig Zweisamkeit zu genießen.

Zu Fuß erreichen Sie die Copacabana in nur 12 Minuten und den Strand in Ipanema in 15 Minuten. Die Casa Mosquito bietet also die optimalen Bedingungen für einen abwechslungsreichen Urlaub.

RIO PANORAMIC

Das Rio Panoramic im Viertel Santa Teresa war einst die Villa eines Diplomaten und punktet mit riesigen Zimmern und der restaurierten Art-Déco-Innenarchitektur. Übernachten Sie im Rio Panoramic, so werden Sie überwältigt sein vom historischen Charme des Hauses. Auch diese Unterkunft befindet sich auf einem Hügel und punktet demnach mit der atemberaubenden Sicht auf Rio, den Zuckerhut und die Guanabara-Bucht.

Für Kulturinteressierte ist ein Zimmer in dieser Boutique-Unterkunft die beste Wahl. Es ist nicht nur selbst ein historischer Schatz, sondern befindet sich auch noch in direkter Nähe zu einigen interessanten Orten, wie dem Museu de Arte Moderna (Museum für moderne Kunst), das Sie mit öffentlichen Verkehrsmitteln in etwa 15 Minuten erreichen, der Biblioteca Nacional, die Sie in 13 Minuten erreichen können oder der beeindruckenden Kathedrale São Sebastião do Rio de Janeiro, in 12 Minuten erreichbar.

Reservieren Sie so schnell wie möglich eines der drei Zimmer des Rio Panoramic und fühlen Sie sich wie ein König!

Packliste

Geld & Finanzen

O (evtl.) Auslandswährung
O Bargeld
O Bauchtasche
O Brustbeutel
O Bauchtasche
O EC-Karte
O Kreditkarte
O Notfall-Telefonnummern der Banken
O Portmonee

Hygiene

O Haarbürste / Kamm
O Deo (klein)
O Shampoo
O Kulturtasche
O Sonnencreme
O Taschentücher

O Reise-Zahnbürste und Zahnpasta
O Verhütungsmittel

Kleidung

O Badeklamotten
O Gürtel
O Hosen kurz / lang
O Mütze / Cap / Hut
O Pullover
O Regenjacke
O Schlafanzug
O Socken
O Sonnenbrille
O Sportklamotten / Jogginghose
O T-Shirts
O Unterwäsche

Medikamente

O Blasenpflaster
O Anti-Durchfalltabletten
O Erste-Hilfe-Set

O Fiebertabletten

O Fiebertabletten

O Mückenschutz

O sonstige Medikamente

O Pflaster

O Kopfschmerztabletten

Unterlagen & Papiere

O ADAC Unterlagen

O Adresslisten für Postkarten

O Krankversicherungsnachweis

O Stadtplan

O Führerschein

O Unterlagen für die Unterkunft

O Wasserdichte Hülle für Reiseunterlagen

O Impfausweis

O Mietwagenunterlagen

O Personalausweis

O Reisepass

O Reisetagebuch

O evtl. Studentenausweis

O evtl. Visum
O Zug- / Bahn- / Flugticket

Taschen & Rucksäcke

O Koffer / Trolley / Reisetasche
O Regenhülle für Rucksack
O Rucksack

Schuhe

O Badeschlappen / Hausschuhe
O Schuhe und Wechselschuhe

Sonstiges

O Brille / Kontaktlinsen und Etui
O Buch zum Lesen
O Ohrenstöpsel und Schlafmaske
O Regenschirm
O Reisedecke
O Wasserflasche
O Wörterbuch

Elektronik

O Digitalkamera
O Handy
O Ladekabel
O Kopfhörer
O evtl. Steckdosenadapter
O Power-Bank

Herstellung und Verlag:

BoD – Books on Demand, Norderstedt

ISBN: 9783750470200

1. Auflage

Kontakt: Psiana eCom UG/ Berumer Str. 44/ 26844 Jemgum

Covergestaltung: Fenna Larsson

Coverfoto: depositphotos.com